Ulrich Höffer

W0251989

KomplettTrainer

Deutsch 7

G Gymnasium

Klett Lerntraining

Ulrich Höffer hat viele Jahre als Lehrer für Deutsch und Geschichte an einem Gymnasium unterrichtet und war in der Lehrerfortbildung tätig. Seit einigen Jahren ist er Fachleiter für Deutsch am Studienkolleg der Fachhochschule Köln sowie Schulbuchautor für Deutsch und Geschichte.

Bibliografische Information der Deutschen Bibliothek
Die Deutsche Bibliothek verzeichnet diese Publikation in der Deutschen Nationalbibliografie; detaillierte bibliografische Daten sind im Internet über http://dnb.ddb.de abrufbar.

Auflage 4. 3. 2. 1. | 2012 2011 2010 2009
Die letzten Zahlen bezeichnen jeweils die Auflage und das Jahr des Druckes.
Dieses Werk folgt der neuesten Rechtschreibung und Zeichensetzung. Ausnahmen bilden Texte, bei denen künstlerische, philologische oder lizenzrechtliche oder andere Gründe einer Änderung entgegenstehen.
Das Werk und seine Teile sind urheberrechtlich geschützt. Jede Nutzung in anderen als den gesetzlich zugelassenen Fällen bedarf der vorherigen schriftlichen Einwilligung des Verlages. Hinweis zu § 52a UrhG: Weder das Werk noch seine Teile dürfen ohne eine solche Einwilligung eingescannt und in ein Netzwerk eingestellt werden. Dies gilt auch für Intranets von Schulen und sonstigen Bildungseinrichtungen.
Fotomechanische Wiedergabe nur mit Genehmigung des Verlages.
© Klett Lerntraining GmbH, Stuttgart 2009
Alle Rechte vorbehalten.
Internetadresse: www.klett.de
Zeichnungen: Naomi Fearn, Berlin: S. 7, 15, 30, 37, 73, 101, 127; Marlene Pohle, Stuttgart: S. 11, 18, 19, 25, 28, 29, 43, 45, 47, 58, 70, 78, 82, 88, 104, 114
Umschlaggestaltung: Sabine Krohberger Grafikdesign, München
Umschlagfoto: Corbis GmbH, Düsseldorf
Satz: Klaus Bauer, Bondorf
Reproduktion: Meyle + Müller, Medien-Management, Pforzheim
Druck: G. Canale & C. S. p. A.
Printed in Europe
ISBN: 978-3-12-927096-7

9 783129 270967

Texte schreiben und lesen

Alle Tests auf einen Blick

Liebe Schülerin, lieber Schüler,

der **KomplettTrainer Deutsch Gymnasium 7. Schuljahr** ist genau das richtige Buch für dich

- weil du den **kompletten** Lernstoff (Rechtschreibung, Grammatik, Zeichensetzung, Texte schreiben und lesen) mit **einem Buch** wiederholen kannst,
- weil du wichtige **Regeln, Formeln und Merksätze mit Beispielen** auf einen Blick erfasst,
- weil du in vielen **Aufgaben** und **Tests** mit **ausführlichen Lösungen** das Gelernte übst und
- weil du damit gut vorbereitet in die nächste **Klassenarbeit** oder einen **Test** gehst.

So lernst du mit diesem Buch:

In der Kopfzeile des Buches siehst du die 4 Rubriken *Wissen, Übungen, Checkliste, Test*. Rot hervorgehoben ist jeweils die Rubrik, in der du dich gerade befindest.

Wissen	Übungen	Checkliste	Test

Wissen	Hier kannst du Regeln, wichtige Formeln, Merksätze, Beispiele und Tipps zu Vorgehensweisen nachschlagen.
Übungen	An vielen Übungsaufgaben in unterschiedlichen Schwierigkeitsstufen kannst du üben, üben, üben … bis du den Stoff sicher beherrscht.
Checkliste	Mit der Checkliste schätzt du dich selbst ein.
Test	Der Test am Ende des Kapitels zeigt dir, wie gut du bist.
Lösungen	Hier kannst du sofort überprüfen, ob du die Aufgaben richtig gelöst hast oder deine Lösung korrigieren.

Viel Erfolg wünschen dir dein Autor und die Redakteure von Klett Lerntraining.

Rechtschreibung

Hier trainierst du

- Groß- und Kleinschreibung
- Getrennt- und Zusammenschreibung

1 Groß- und Kleinschreibung

1.1 Adjektive

1. Adjektive werden in der Regel kleingeschrieben. Wenn sie allerdings nach einem Punkt oder Doppelpunkt am Satzanfang stehen oder **nominalisiert**, also in Nomen (Substantive) umgewandelt werden, schreibt man Adjektive groß. Man erkennt nominalisierte Adjektive meist an einem **Begleiter**: Artikel, Pronomen, Präposition, unbestimmte Mengenangabe *(alles, allerlei, einiges, etwas, genug, nichts, viel, wenig)*.
   Der Klügere gibt nach. (**Artikel**)
   Dieses Blau gefällt mir besonders gut. (**Pronomen**)
   Im Allgemeinen sind die Winter kalt. (**Präposition**)
   In der Zeitung steht **wenig Neues**. (**unbestimmte Mengenangabe**)

2. Auch Adjektive ohne einen solchen Begleiter, bei denen dieser aber ergänzt werden könnte, werden großgeschrieben.
   Meine Lieblingsfarbe ist (das) **Blau**.

3. Verbindungen mit der Präposition *am* und einem Superlativ werden kleingeschrieben.
   In den Ferien fühle ich mich **am wohlsten**.

4. Adjektive, die sich auf ein Nomen oder Pronomen im Satz beziehen, werden kleingeschrieben.
   Die **dummen Krokodile** sind dünn, die **klugen** (Krokodile) dick.
   Dieser (Ring) hier ist der **teuerste.**

5. Adjektive in **mehrteiligen Eigennamen** werden großgeschrieben.
   das Kap der **Guten** Hoffnung
   das Gasthaus zur **Alten** Post

6. Adjektive in bestimmten **feststehenden Begriffen** werden großgeschrieben. Dazu gehören Titel oder Amtsbezeichnungen, Arten und Rassen, besondere Kalendertage und historische Ereignisse.
   der **Kurzhaarige Dackel**
   der **Zweite Weltkrieg**

7. Alle anderen Adjektive in **festen Verbindungen** schreibt man meist klein.
   die **mittlere** Reife
   die **gelbe** Karte
   das **neue** Jahr

8. Adjektive in **geografischen Bezeichnungen** werden großgeschrieben, wenn sie auf *-er* enden.
   Das **Straßburger** Münster ist eine weltbekannte Kirche.

   Enden sie auf *-isch, -ische, -ischer, -sch*, werden sie nur in Eigennamen großgeschrieben.
   In diesem Restaurant gibt es **russischen** Kaviar.
   Aber: Auf der **Schwäbischen Alb** leben glückliche Kühe.

1

Ergänze die fehlenden Adjektive in der richtigen Form. Entscheide, ob sie groß- oder kleingeschrieben werden. Trage die Lösungen in dein Trainingsheft ein.

a) Ein **(blind)** Huhn findet auch mal ein Korn.

   Ein blindes Huhn findet auch mal ein Korn.

b) Am Abend wird der **(faul)** fleißig.
c) Dem **(glücklich)** schlägt keine Stunde.
d) Es kann der **(friedlich)** nicht in Frieden leben, wenn es dem **(böse)** Nachbarn nicht gefällt.
e) Dem **(fleißig)** gehört die Welt.
f) Die **(schönste)** Bilder malten die **(kleinste)**.
g) Unter **(blind)** ist der **(einäugig)** König.
h) Man soll **(eilig)** nicht aufhalten.
i) Es ist klar, dass **(wasserscheu)** das Wasser meiden.
j) Gute Eltern wissen, dass **(klein)** Kinder viel Aufmerksamkeit brauchen, **(groß)** aber auch.
k) Sprichwort: Die **(klein)** hängt man, die **(groß)** lässt man laufen.
l) Die **(bunt)** Vögel wurden von den **(grau)** gejagt.
m) Der **(ärmste)** kann einem Leid tun.
n) Die gute Unterhaltung besteht nicht darin, dass man selbst etwas **(gescheit)** sagt, sondern dass man viel **(dumm)** anhören kann.

2

Ergänze die fehlende Präposition und bilde die passende Adjektivform. Wird sie groß- oder kleingeschrieben?

a) Sie blieben auch _in schwierigen_ (schwierig) Zeiten gute Freunde.

b) ______________ (lieb) wäre sie im Boden versunken.

c) ______________ (schlecht) Wetter bleiben wir zu Hause.

d) ______________ (süß) kann man den meisten Kindern eine Freude machen.

e) Igel werden erst ______________ (dunkel) munter.

f) Die Farbe des Abendhimmels ging ______________ (dunkelrot) über.

g) Plötzlich wechselte die Ampel ______________ (grün) ______________ (rot).

h) Sie ist immer sehr ______________ (neu) interessiert.

i) Er schaffte die Besteigung des Mount Everest ______________ (häufig).

j) Sie waren begeistert ______________ (teuer) und ______________ (modisch).

k) Am Wochenende fahren wir meist ______________ (grün).

3

Welcher feststehende Begriff, welcher Eigenname oder welche geografische Bezeichnung sind jeweils gemeint? Entscheide zwischen Groß- und Kleinschreibung.

1. die _____te _______te

2. die _________ische Mauer

3. der _________fe Turm von ___sa

4. die _________________er Uhr

5. der _________ner ___om

6. das _______e _____hr

7. die _________sche Dogge

8. die _________sche _______ne

1.2 Pronomen

Pronomen sind in der Regel Stellvertreter oder Begleiter von Nomen und werden kleingeschrieben. Wenn sie allerdings nach Punkt oder Doppelpunkt am Satzanfang stehen oder nominalisiert werden, schreibt man sie groß. **Nominalisierte Pronomen** erkennt man meist an einem Begleiter (Artikel, Pronomen).

Großmutter hat **die Ihren** alle zu ihrem Geburtstag eingeladen.
Im Paradies gibt es **kein Mein** und **Dein**.

Die Pronomen *manche, jene, jede, beide, eine, einige, alle, sich* werden in allen Formen kleingeschrieben. Ebenfalls kleingeschrieben werden Pronomen, die als Stellvertreter für ein Nomen gebraucht werden.

Ich kenne **die beiden** nicht.
Alle Fahrräder stehen in der Garage. Nur **das deine** (= dein Fahrrad) steht im Regen.

Die **höfliche** Anrede (*Sie/Ihr*) wird immer großgeschrieben, die **vertrauliche Anrede** (*du/dein, ihr/euer*) wird in der Regel kleingeschrieben. Nur in **Briefen** kann sie auch großgeschrieben werden. Du musst dann aber bei einer Schreibweise bleiben (Groß- oder Kleinschreibung).

Bringen Sie bitte **Ihren** Personalausweis mit.
Zeigst **du** mir mal **deinen** Personalausweis mit dem lustigen Foto.
Aus einem Brief: Liebe Anna, ich freue mich, **dich/Dich** morgen endlich wieder zu sehen.

1

Setze jeweils ein Pronomen in der passenden Form ein.

a) Man kann es nicht **(jene, alle, manche)** allen recht machen.

b) Er beharrt auf **(Sein, mein, sein)** ____________ Standpunkt.

c) Kleine Kinder können noch nicht zwischen **(ihr, Mein, mein)** ________ und **(sein, dein, Dein)** ________ unterscheiden.

d) Der Anrufer mit der tiefen Stimme gab zu, dass **(er, Er, ihm)** ________ gar kein **(er, Er, ihm)** ________, sondern eine **(Sie, sie, du)** ________ war.

e) Leider sind **(Meine, meine, Seine)** __________ Haare schlecht geschnitten, **(deine, Deine, dich)** __________ aber fantastisch.

f) Jonas gibt **(Seine, seiner, sich)** ____________ Mannschaft noch letzte Tipps für das Spiel, während Leonie die **(ihre, Ihre, beide)** __________ sich nur noch aufwärmen lässt.

g) Auch nach langer Diskussion konnten **(sich, Sich, uns)** ________ **(Beide, beide, jede)** __________ nicht einigen.

h) Ich kann die **(beide, Beide, alle)** __________ gut verstehen.

i) Jasmina kauft sich neue Kleider, weil **(Sie, sie, ihr)** ________ betonen will, dass **(sie, Sie, sich)** ________ eine **(sie, Sie, mir)** ________ ist.

j) Erst nach jahrelanger Bekanntschaft bot Frau Müller **(sein, ihr, dieser)** ____________ Nachbarin das **(du, Sie, Du)** ________ an.

k) Wenn du **(Diese, jede, diese)** __________ Woche auf den Hund aufpasst, kümmere ich mich nächste Woche um **(er, sie, es)** ________.

2

Ersetze in den folgenden Sätzen die markierten Wörter durch Pronomen und achte dabei auf Groß- und Kleinschreibung. Trage die Lösungen in dein Trainingsheft ein.

a) Er kennt **seine Leute** sehr gut.

Er kennt die Seinen sehr gut.

b) Er kennt meine Eltern noch nicht, aber ich kenne **seine Eltern**.

c) Sie ärgert sich über die schlechte Note in Mathe, weil **diese Note** ihren Zeugnisdurchschnitt verschlechtert.

d) Es gibt Naturvölker, die kaum zwischen **eigenem** und **fremdem Besitz** unterscheiden.

e) Das da ist doch dein Stift und dieser hier ist **mein Stift**.

f) Dieser Hund ist kein **Männchen**, sondern ein **Weibchen**.

g) In diesem Wald haben sich schon **mehrere Wanderer** verirrt.

h) Wenn die Eisbären Fische jagen, lauern **die Eisbären den Fischen** an einem Loch im Eis auf.

i) Wenn es eine Klimakatastrophe gibt, ist davon **die ganze Menschheit** betroffen.

j) Sie hat **sämtliche Bücher, Zeitschriften, Schreibutensilien und sonstigen Dinge** in ihrem Zimmer neu geordnet.

k) Leonie hat noch ein bisschen Geld, aber Jonas hat **kein Geld** mehr.

3

Setze jeweils das passende Anredepronomen ein.

a) Würden **(sie, Sie, ihr)** *Sie* bitte noch einen Moment warten!

b) Ich schreibe **(ihnen, Dir, dir)** _________ diesen Brief, damit **(du, Du, Sie)** _________ nicht denkst, dass ich **(sie, Dich, dich)** _________ vergessen habe.

c) Ich bitte **(Sie, sie, Euch)** _________ darum, **(Sich, sich, euch)** _________ die Angelegenheit noch einmal genau zu überlegen.

d) Kannst **(Du, du, ihr)** _________ mir mal gerade **(deinen, Deinen, euren)** _________ Stift leihen?

e) Nehmen **(Ihr, Du, Sie)** _________ doch bitte Platz!

f) Setzen **(sie, Sie, Du)** _________ **(mich, Sich, sich)** _________ doch bitte!

g) Liebe Eltern, wenn **(ihr, Ihr, euch)** _________ diesen Brief bekommt, habt **(Ihr, euch, ihr)** _________ unsere neue Wohnung bestimmt schon komplett eingeräumt und könnt **(sich, euch, Euch)** _________ ein wenig vom Umzugsstress erholen.

h) Könnt **(Ihr, ihr, Sie)** _________ bitte etwas leiser sein, damit **(eure, Eure, deine)** _________ Trommelfelle nicht platzen!

1. **Adjektive** und **Pronomen** werden nur großgeschrieben, wenn sie am Satzanfang (auch nach einem Doppelpunkt) stehen oder nominalisiert sind (in der Regel mit Begleiter). ☐

2. Adjektive, die im Superlativ mit der Präposition *am* verbunden sind, werden kleingeschrieben. ☐

3. Adjektive, die sich auf ein Nomen oder ein Pronomen im Satz beziehen, werden kleingeschrieben. ☐

4. Adjektive werden in mehrteiligen Eigennamen immer und in feststehenden Begriffen oft großgeschrieben. ☐

5. **Geografische Bezeichnungen**, die auf *-er* enden, werden ebenfalls großgeschrieben. ☐

6. Pronomen, die stellvertretend für ein Nomen stehen, und die Pronomen *manche, jene, jede, beide, eine, einige, alle, sich* werden in allen Formen kleingeschrieben. ☐

7. Pronomen in der höflichen Anrede werden immer großgeschrieben, Pronomen in der vertraulichen Anrede werden kleingeschrieben. Nur in Briefen können sie auch großgeschrieben werden. ☐

1

Ergänze die fehlenden Adjektive oder Pronomen in der richtigen Form. Welche werden klein-, welche großgeschrieben? Bei welchen ist sowohl Groß- als auch Kleinschreibung möglich?

Liebe Anna,

vielen Dank für die Einladung zu **(dein)** ______________ Geburtstagsparty.

Leider kann ich nicht kommen, weil ich mich in der **(nächste)** __________________ Zeit nicht nur um die Schule, sondern um noch **(unangenehmer)** ________________________________ kümmern muss.

Bei uns ist nämlich etwas **(klein)** ________________ angekommen.

Genauer gesagt ein **(klein)** ______________ **(er)** _________. Eine **(klein)** ______________ **(sie)** _________ wäre mir allerdings lieber gewesen. Na ja, **(er)** _________ ist aber ein hübscher Bruder. Meine Mutter musste leider ins Krankenhaus, in dem **(sie)** _________ wohl auch noch mindestens eine Woche bleiben wird.

Jetzt teile ich mir also mit **(mein)** ______________ Vater die **(gesamt)** ________________ Hausarbeit. Vieles bleibt jetzt an **(ich)** _________ hängen, aber **(er)** _________ erledigt auch **(einige)** ________________. Na ja, so lernen wir **(beide)** ___________ noch **(manche)** ________________ dazu, worum **(sich)** _________ bisher nur Mama gekümmert hat. Bis jetzt haben wir jedenfalls noch nichts **(schlimm)** _____________________ falsch gemacht.

Aber jetzt zu **(du)** _________. Wie geht es **(du)** _________? Sind **(alle)** _________ von der alten Clique noch da? Was gibt es **(neu)** _________?

Manchmal werde ich ganz **(traurig)** ________________, weil ich umziehen, die Schule wechseln musste und **(ihr)** _________ nur noch so selten sehen kann. In der **(neu)** ___________ Schule habe ich mich nur langsam eingelebt, denn die **(alt)** _________ hatte eine richtig familiäre Atmosphäre. Wenn ich an unsere lustige Klasse denke, würde ich am **(lieb)**

__________ sofort zurückkommen. Das einzig **(gut)** __________ hier ist, dass ich nur fünf Minuten mit dem Fahrrad bis zur Schule fahren muss. Sie liegt in der **(Gerolstein)** __________ Straße und erinnert mich also täglich an meine alte Heimat. Es gibt aber keine **(gut)** __________ Schüler, die auch **(nett)** __________ sind. Nur mit den **(schlecht)** __________ gibt es schon mal etwas zu lachen.

In Geschichte behandeln wir schon die ganze Zeit den **(hundertjährig)** __________ Krieg und **(er)** __________ nimmt und nimmt kein Ende.

In den nächsten Ferien würde ich **(ihr)** __________ gerne besuchen. Schreib mir doch bitte, ob **(ihr)** __________ da seid und ein **(frei)** __________ Bett habt.

Punkte: max. 38

Liebe Grüße von Lisa

2

Kennst du alte Sprichwörter? Setze jeweils ein passendes Pronomen ein und achte dabei auf Groß- und Kleinschreibung.

1. Was dem __________ seine Eule, ist dem anderen __________ Nachtigall.

2. Wie du ________
so ich ________.

3. Jedem das ________.

4. Wenn ein Blinder den anderen führt,
so fallen sie ______ in den Graben.

Punkte: max. 6

Überprüfe deine Antworten im Lösungsteil und gib dir für jede richtige Lösung einen Punkt.

In diesem Test kannst du insgesamt 44 Punkte erreichen.

Gesamtpunkte: max. 44

40 – 44 Punkte:
Klasse! Die Groß- und Kleinschreibung bereitet dir kein Problem mehr.

24 – 39 Punkte:
Das war schon ganz gut, aber sicher kannst du dich noch verbessern.

0 – 23 Punkte:
Am besten wiederholst du dieses Kapitel noch einmal.

2 Getrennt- und Zusammenschreibung

2.1 Trennung von Wörtern

Manchmal reicht der Platz in einer Zeile nicht mehr aus, um ein Wort zu Ende zu schreiben. Oft kannst du dann das Wort am Zeilenende trennen und in der folgenden Zeile fortsetzen. Hierbei gelten folgende Regeln:

Zusammengesetzte Wörter werden nach ihren einzelnen Bestandteilen getrennt.

Fahr-rad, Pinn-wand, Schul-hof

Mehrsilbige Wörter werden in der Regel nach ihren Sprechsilben getrennt.

Him-mel, ma-len, Rah-men

Die Bestandteile von zusammengesetzten Wörtern trennt man gleichfalls nach ihren Sprechsilben.

Klas-sen-raum, Bü-cher-re-gal.

Wenn in mehrsilbigen Wörtern ein Konsonant zwischen zwei Vokalen steht, so beginnst du die Silbe in der folgenden Zeile mit dem Konsonanten.

sa-gen, Re-gen, Ein-la-dung

Folgen mehrere Konsonanten aufeinander, wird nur der letzte abgetrennt.

Ras-pel, Öff-nung, Fens-ter

Die Mehrfachkonsonanten *ch, sch, ph, rh, th* und *ck* werden nicht getrennt, wenn sie als ein Laut gesprochen werden.

Tü-cher, Fla-sche, Phos-phor, Ma-the, ru-cken

Einsilbige Wörter können nicht getrennt werden.

Uhr, Bad, Rand

Einen einzelnen Vokal am Wortanfang oder am Wortende darfst du nicht abtrennen.

Ameise, Ufer, Boa

Die Diphtonge *ai*, *au*, *äu*, *ei*, *eu* und *ai* werden nicht getrennt.

be-reu-en, Kai-ser, Eu-le, Ei-mer

1

Trenne diese Wörter nach ihren Bestandteilen und Sprechsilben. Trage die Lösung in dein Trainingsheft ein.

~~Bergwanderung~~, Laufsteg, Gemüse, kochen, Kochbuch, Radieschen, Autobahn, Fehler, Täuschungsmanöver, Kopfkissen, Alptraum, Traumdeutung, träumen, Gabel, aufgabeln, Gabelstapler, Staplerfahrer, Verkehr, Führerschein, scheinbar, auskochen, anbieten, Gebiet

Berg-wan-de-rung

...

2

Wie viele Sprechsilben haben die folgenden Wörter? Trenne die zweisilbigen Wörter, sofern dies möglich ist.

~~die Masern, fast~~, Lasten, Riss, Messer, Glück, Krimi, Lied, feiern, Auto, Blicke, Lupe, Leiter, Euter, Gitter, Reue, Uhu, leihen, scheuen, Trauung, Ei, Esel, gemein, fein, Reihe, braun, zahm, zähmen, oder, glauben, Staub

einsilbig	zweisilbig
fast	*Ma-sern*

...

3

Erweitere die einsilbigen zu zweisilbigen Wörtern und trenne sie.

fast *fas-ten*

...

2.2 Zusammengesetzte Nomen und Adjektive

Die deutsche Sprache hat viele Möglichkeiten, Wörter zusammenzusetzen und so ein neues Wort zu bilden. Solche Zusammensetzungen können aus zwei oder mehreren Wörtern bestehen.

Ballspiel, Fußballspiel

In manchen Zusammensetzungen werden Wörter verkürzt.

Wasch(en)maschine (verkürztes Verb + Nomen)

In anderen Zusammensetzungen können Wörter erweitert werden.

Geburtstag(s)geschenk (erweitertes Nomen + Nomen)

Zusammensetzungen mit Nomen

Eng verbundene Wörter, von denen jeweils das letzte ein Nomen ist, schreibst du in der Regel **zusammen**.

die Haus**tür**	(Nomen + Nomen)
die Rot**buche**	(Adjektiv + Nomen)
der Schreib(en)**tisch**	(verkürztes Verb + Nomen)
der Über**zug**	(Präposition + Nomen)

Zusammensetzungen mit Adjektiven

a) Wenn der erste Bestandteil der Wortverbindung mit dem zweiten eine neue Bedeutung bildet, schreibst du die Verbindung zusammen.

dunkelbraun	(Adjektiv + Adjektiv)
todesmutig	(Nomen + Adjektiv)
schreibfaul	(Verb + Adjektiv)

b) Wenn ein Bestandteil des Wortes kein selbstständiges Wort ergibt, schreibst du die beiden Bestandteile zusammen.

blau**äugig**	**-äugig** ist kein sinnvolles selbstständiges Wort
oft**mals**	**-mals** ist kein sinnvolles selbstständiges Wort

Die **Wortart und** die **Schreibung** eines zusammengesetzten Wortes werden durch den letzten Bestandteil des Wortes bestimmt.

glas**klar**	**klar** = Adjektiv	**glasklar** = Adjektiv (also: kleinschreiben)
Rot**buche**	**die Buche** = Nomen	**Rotbuche** = Nomen (also: großschreiben)

1

Ergänze die Nomen so, dass aus ihnen zusammengesetzte Nomen entstehen.

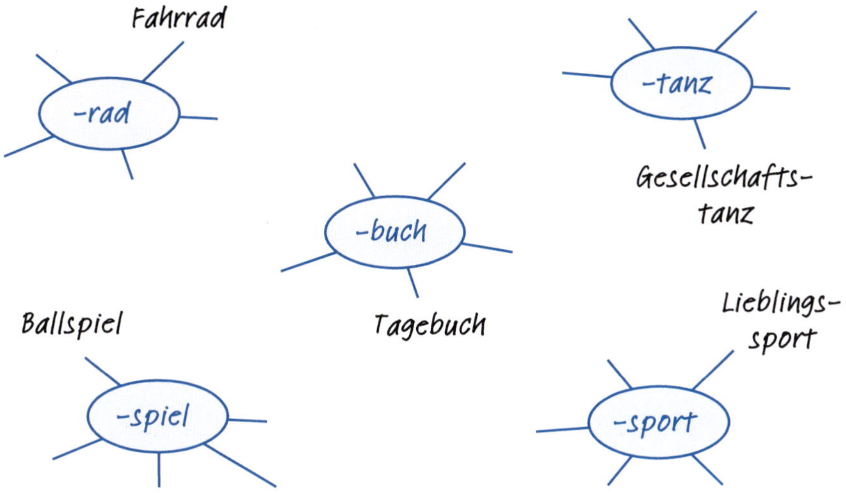

2

Ergänze die Verben, Adjektive und Präpositionen so, dass sie Bestandteile von zusammengesetzten Nomen werden.

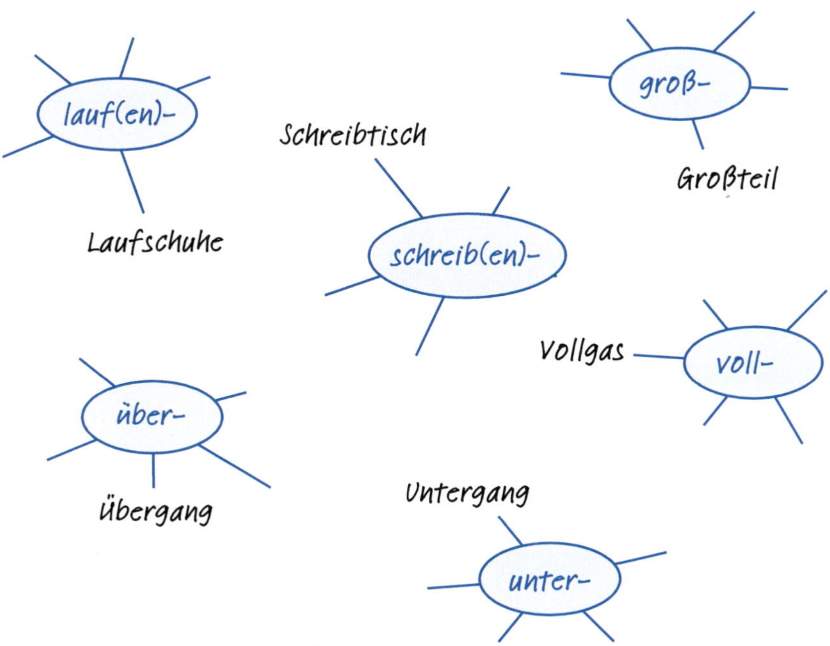

3

Welche der Wörterpaare ergeben ein zusammengesetztes Adjektiv und passen in die Lückensätze? Setze sie in der richtigen Form ein.

Schrecken schlimm, Haupt sächlich, ~~Haus hoch~~, Hand breit, Katzen freundlich, auf mächtig, Hand lang, beißen wütig, Finger klein, Scheiben artig, warm heiß, Haus tief, Finger dick, Hunde hungrig, rosa rot, Angst voll, Samt weich, Haupt weiblich, groß spurig, Seiden zart, Stroh dumm, Tinten blau, Feder leicht, nass kalt, putzen munter, Heu faul, Staub leicht, Ärmel lang, Rosen rötlich

a) Der Sturm hatte den Schnee *haushoch* aufgetürmt.

b) Plötzlich war am Ende des Ganges ein ____________ Spalt zu sehen.

c) Der neue Hund aus dem Tierheim galt zwar als ____________, wurde aber rasch ein ganz toller Familienhund.

d) Murat knüpfte ein ____________ Seil um einen Baum und ließ sich langsam in die Höhle hinunter.

e) Bei ____________ Wetter bekommen viele Leute einen Schnupfen.

f) Svenja muss am Wochenende ____________ für die Englischarbeit üben.

g) Das ____________ Verhalten von Lars geht seinen Freunden allmählich auf die Nerven.

h) Leise schleicht sich der Kater auf ____________ Pfoten ans Mauseloch.

i) Obwohl der Wecker schon um fünf Uhr klingelte, sprang Nora ____________ aus dem Bett.

j) Wenn jemand mich ____________ begrüßt, muss ich auf der Hut sein.

k) Lars hielt Sven immer für ____________________, bis dieser in einer besonders schweren Mathematikarbeit eine Eins schrieb.

l) Die neue Jacke ist ____________________, sie wiegt nur ein paar hundert Gramm.

m) Man konnte sie schon von weitem an ihrem ____________________ Pullover erkennen.

n) Wenn man plötzlich einen überraschenden Erfolg hat, sieht man die Welt durch eine ______________ Brille.

o) ______________ starrte Jonas auf den großen Hund, der zähnefletschend auf ihn zukam.

4

Wo müssen die Raumschiffe andocken, damit zusammengesetzte Adjektive entstehen?

Raumschiff 1 Andockplatz 10 sonnenklar

Raumschiff 2 ...

2.3 Verbindungen mit Verben

Wenn du Tätigkeiten genauer beschreiben möchtest, musst du **Verben** häufig **eng mit anderen Wortarten verbinden**. Merke dir folgende Regeln zur Getrennt- und Zusammenschreibung solcher Verbindungen.

1. Nomen + Verb / Verb + Verb

Die Verbindung eines Nomens mit einem Verb oder die Verbindung zweier Verben werden in der Regel getrennt geschrieben.

Fußball spielen, Rad fahren (Nomen + Verb)
spazieren gehen, schlafen gehen (Verb + Verb)

2. Adjektiv auf *-ig, -isch* oder *-lich* + Verb

Die Verbindung eines Adjektivs auf *-ig*, *-isch* oder *-lich* mit einem Verb wird immer getrennt geschrieben.

Er konnte seine Hausaufgaben erst am Abend **fertig machen**.

3. Nicht steigerbare Adjektive + Verben

Verbindungen von **Adjektiven** und **Verben** werden immer **zusammengeschrieben**, wenn das **Adjektiv nicht gesteigert** werden kann. In Zweifelsfällen hilft dir die **Steigerungsprobe**:

Nomen werden **großgeschrieben.**
(Die Steigerung „größer schreiben" macht hier keinen Sinn, also schreibst du die Verbindung zusammen.)

Aber:
Eva hat **groß geschrieben**.
(Hier kannst du das Adjektiv sinnvoll steigern. Die Verbindung wird getrennt geschrieben.)

4. Untrennbare Zusammensetzungen

Untrennbar nennt man Zusammensetzungen mit einem Verb, die durch **alle gebeugten Verbformen** hindurch **zusammengeschrieben** werden.

überholen – er überholt – er hat überholt
durchdenken – er durchdenkt – er hat durchdacht

5. Trennbare Zusammensetzungen

Trennbar nennt man alle Zusammensetzungen mit einem Verb, die in bestimmten Formen oder Satzstellungen **getrennt** werden.

Trennbare Zusammensetzungen schreibst du nur **zusammen** im Infinitiv, im Partizip Präsens und Perfekt und am Ende eines Nebensatzes.

fortlaufen (Infinitiv)
fortlaufend, fortgelaufen (Partizip Präsens und Perfekt)
Er ist nervös, weil ihm die Zeit **fortläuft**. (Ende des Nebensatzes)

Alle anderen Verbformen in trennbaren Zusammensetzungen werden **getrennt** geschrieben.

Die Zeit **läuft** wegen vieler Telefonate **fort**.

Eine trennbare Zusammensetzung erkennst du auch an der Betonung: Trennbare zusammengesetzte Verben werden im Infinitiv auf der **ersten Silbe betont**.

trennbar: áusschalten, ábstürzen
untrennbar: unterstréichen, überlégen,

1

Mit welchen Verben können diese Wörter zusammengesetzt werden? Trage jeweils vier Zusammensetzungen ein.

hin-
legen
ab-
lehnen
entgegen-
nehmen
zurück-
lehnen
wieder-
holen

2

Schreibe die Sätze vollständig in dein Trainingsheft und ergänze dabei das jeweilige Verb im Präsens. Ist das Verb eine trennbare oder eine untrennbare Zusammensetzung?

a) Laura – den Kaufvertrag – für ihr erstes Mofa – (unterschreiben).

Laura unterschreibt den Kaufvertrag für ihr erstes Mofa.

...

b) Freudestrahlend – Claudia – ihrer Mutter – (entgegenkommen).

c) Zur Freude – der ganzen Familie – der Kater Felix – (wiederkommen).

d) Mit seinem neuen Paddelboot – Jan – zum ersten Mal – ans andere Ufer – (übersetzen).

e) Amelie – den schwierigen Englischtext – völlig fehlerfrei – (übersetzen).

f) Emine – dem Fremden – bei der Suche nach einer Straße – (weiterhelfen).

g) Florian – ständig – die Telefonnummer des neuen Mitschülers – (wiederholen).

h) Jule – das ausgeliehene Buch – bei ihrer Freundin Yana – (wiederholen).

3

Entscheide evtl. mit Hilfe der Steigerungsprobe, wie die folgenden Verbindungen mit Verben geschrieben werden müssen. Getrennt oder zusammen? Bilde jeweils die richtige Form und trage die Sätze in dein Trainingsheft ein.

a) Nur in der Badewanne darf sie **(laut/singen)** ______.

Nur in der Badewanne darf sie laut singen.

...

b) Nomen werden immer **(groß/schreiben)** ______.

c) Sören hat ein Buch versehentlich zweimal gekauft. Eins von beiden Büchern bringt er wieder in die Buchhandlung zurück und lässt sich den Kaufpreis **(gut/schreiben)** ______.

d) Mit dem neuen Füller kann Steffi **(gut/schreiben)** ______.

e) Obwohl Daniela sich sehr beeilt hat, hat sie ihre Hausaufgaben nicht **(fertig/bekommen)** ______.

f) Der neue Aufschlag beim Volleyball ist Kristina nicht **(schwer/fallen)** ______.

g) Kai schaffte es, vier Meter **(weit/springen)** ______.

h) Der angeblich spannende Film hat Suse und ihre Freundinnen tödlich **(lang/weilen)** ______.

i) Die Archäologen haben eine uralte Statue **(frei/legen)** ______.

j) Der sonst so schüchterne Kristian hat, ohne auf ein Blatt zu schauen, völlig **(frei/sprechen)** ______.

k) Trotz vieler belastender Zeugenaussagen wurde der Angeklagte **(frei/sprechen)** ______.

l) Als Isabel am Reitstall **(ankommen)** ______________________, herrschte große Aufregung in der Boxengasse.

m) Vor Beginn eines Spiels muss man die Regeln **(fest/legen)** ______________________ ______________________.

n) Sabines Oma lebt in einem **(freistehen)** ______________________ Haus am Waldrand.

o) Um noch ein bisschen Zahnpasta aus der Tube herauszukriegen, muss man sie **(fest/drücken)** ______________________.

p) Obwohl sich Eva gewaltig **(aufregen)** ______________________, bleibt Uli ganz ruhig.

q) Sonja konnte **(froh/locken)** ______________________: Sie hatte die einzige Eins in der Deutscharbeit.

r) Trotz der **(anstrengen)** ______________________ Sportstunde geht sie nach der Schule noch zum Tennistraining.

s) Ich kann es überhaupt nicht leiden, wenn meine Schwester **(heimlich/tun)** ______________________.

1. Wenn der Platz für ein Wort in einer Zeile nicht mehr ausreicht, musst du das Wort trennen. ☐
2. Nur mindestens zweisilbige Wörter können getrennt werden. ☐
3. Mehrsilbige Wörter werden zwischen ihren Sprechsilben getrennt, sodass möglichst die folgende Silbe mit einem Konsonanten beginnt. ☐
4. Zusammengesetzte Wörter werden zwischen ihren Wortteilen und innerhalb der Wortteile wie mehrsilbige Wörter getrennt. ☐
5. Die Mehrfachkonsonanten *ck, ch, sch, ph* und *th* sowie die Diphtonge *ai, au, äu, ei, eu* und *ai* werden nicht getrennt. ☐
6. Einzelne Vokale am Wortanfang oder -ende werden nicht getrennt. ☐
7. Wenn ein Adjektiv in Verbindung mit einem Verb nicht gesteigert werden kann, wird diese Verbindung zusammengeschrieben. ☐
8. Die Wortart einer zusammengeschriebenen Wortverbindung und damit die Groß- oder Kleinschreibung wird durch den letzten Wortteil bestimmt. Man spricht deshalb von zusammengesetzten Nomen, zusammengesetzten Adjektiven, zusammengesetzten Verben. In diesen Zusammensetzungen können verschiedene Wortarten als erster Bestandteil vorkommen. ☐
9. Wortverbindungen, in denen ein Bestandteil als Einzelwort nicht gebräuchlich ist, werden immer zusammengeschrieben. ☐
10. Verbindungen von Nomen oder Verben mit Verben werden meist getrennt geschrieben. ☐
11. Verbindungen von Verben mit Adjektiven, die steigerbar sind oder auf *-ig, -isch* oder *-lich* enden, werden immer getrennt geschrieben. ☐
12. Es gibt folgende Arten von zusammengesetzten (= im Infinitiv zusammengeschriebenen) Verben:
    a) untrennbare Zusammensetzungen, die in allen Verbformen zusammengeschrieben werden. ☐
    b) trennbare Zusammensetzungen, die nur als Infinitiv, Partizip oder am Ende eines Nebensatzes zusammengeschrieben werden. ☐

1

Welche dieser Wörter können getrennt werden? Richte in deinem Trainingsheft eine Tabelle ein und trage die zusammengesetzten und die mehrsilbigen Wörter dort ein. Trenne sie überall, wo es möglich ist.

~~Luftfahrt~~, Eber, Stalllaterne, ~~meckern~~, müde, matt, Arbeit, Aula, Reue, Schulhof, Bergwanderung, lahm, faul, fleißig, Vogelkäfig, Pferd, Zucker, Fisch, Tischtuch, Angel, geben, Geschenk, Auffahrt, Bratröhre, bräunen, malen, maulen, Affen, gaffen, schaufeln, Schneeschaufel, aber, überall, Eier

Zusammengesetztes Wort	*Mehrsilbiges Wort*
Luft-fahrt	*me-ckern*
...	

Punkte: max. 24

2

Bilde mit den Dominosteinen eine Wörterschlange aus zusammengesetzten Nomen. Alle Steine müssen verwendet werden.

Tag	Traum
Buch	Druck
Maschinen	Öl
Mauer	Segler
~~Ober~~	~~Haupt~~
Sport	Hallen
Paar	Tanz
Schuh	Leder
Taschen	Uhr
Dach	Ziegel
~~Schul(e)~~	~~Fest~~
Preis	Kampf
Werk	Tage

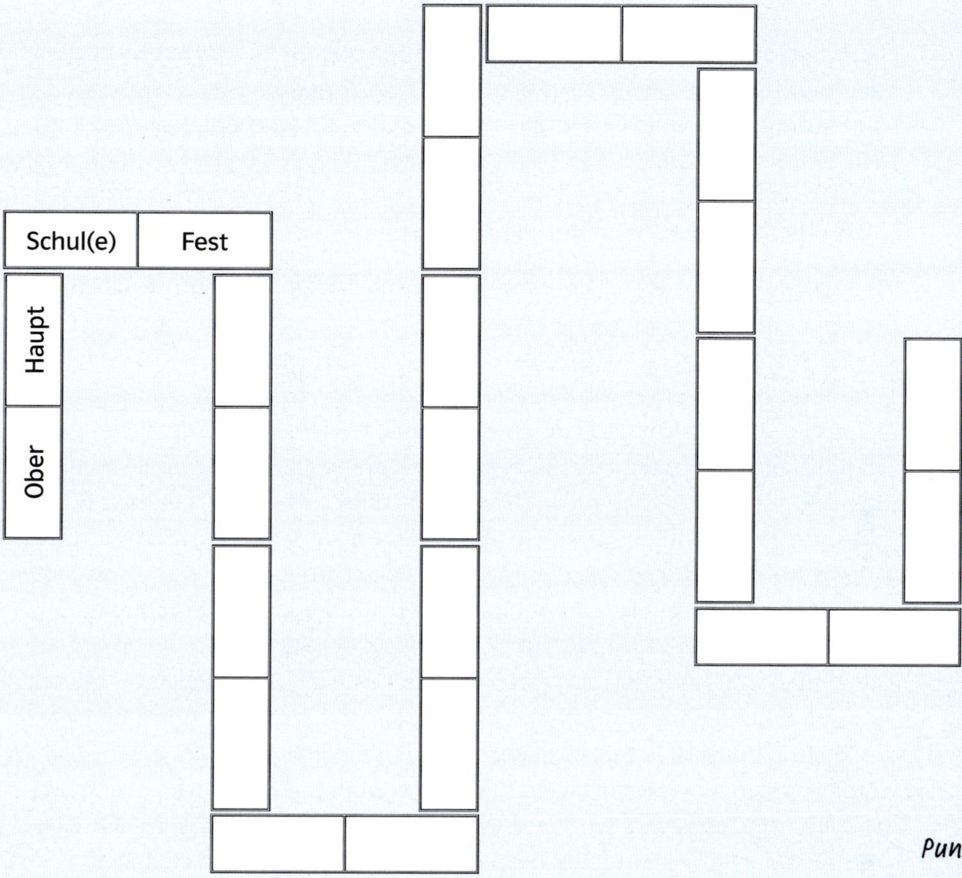

Punkte: max. 11

3

Ergänze so, dass zusammengesetzte Adjektive entstehen.

hoch*mütig*

unter__________

neben__________

tod__________

wider__________

gift__________

glas__________

wunder__________

rot__________

faust__________

daumen__________

schnee__________

farb__________

maus__________

raben__________

meter__________

zentner__________

Punkte: max. 16

4

Schreibe alle Wortverbindungen mit Verben aus dem Text heraus und bilde die Infinitivformen. Werden sie getrennt geschrieben oder zusammen? Unterstreiche jeweils den letzten Wortteil der zusammengeschriebenen Wortverbindungen.

Was einem so alles bei einer Jagd widerfahren kann

Ein großer Teich war mit Enten regelrecht überdeckt, und der passionierte Jäger Münchhausen sprang schnell die Treppe hinab. Dabei stürzte er unglücklich gegen einen Türpfosten. Er ließ sich aber davon nicht beirren und legte auf die Enten an. Aber leider war seine Flinte bei seinem Sturz kaputtgegangen. Er brachte es aber dennoch fertig zu schießen. Er schlug nämlich einfach Funken aus seinem Auge heraus. Dadurch ging der Schuss los, und zehn Enten fielen vom Himmel hinunter. Bei einer weiteren Entenjagd drehte Münchhausen eine Hundeleine auf, verlängerte sie damit um das Vierfache und band an ihrem Ende ein Stück Schinken fest. Das unverdaute Schinkenstück kam nach kurzer Zeit hinter wieder aus der Ente heraus, und die nächste Ente fraß es auf. So wanderte der Schinkenbrocken durch alle Enten hindurch und riss nicht von der Leine ab. Der begeisterte Münchhausen schlang nun diese essbare Perlenkette um seine Schultern und ging aufgekratzt davon. Er konnte sich wirklich glücklich schätzen, einen solchen Fang von der Jagd wegzutragen. Verdutzt kam ihm ein Bauer entgegen. Er sah Münchhausen ganz angestrengt an. Er dachte lange darüber nach. Aber nie verstand er, wie Münchhausen es angestellt hatte, eine solche Beute zusammenzubekommen.

Nach Gottfried August Bürger (1747–1794)

über<u>decken</u>

...

Punkte: max. 23

Gesamtpunkte: max. 74

In diesem Test kannst du insgesamt 74 Punkte erreichen.

67–74 Punkte

Prima! Die Getrennt- und Zusammenschreibung beherrschst du sicher.

41–66 Punkte

Nicht schlecht, aber du kannst dich bestimmt noch verbessern.

0–40 Punkte

Am besten wiederholst du dieses Kapitel noch einmal.

Grammatik und Zeichensetzung

Hier wiederholst du

- den Umgang mit den Pronomen
- den richtigen Gebrauch des Konjunktiv
- die indirekte Rede
- den richtigen Einsatz von Kommas und von Doppelpunkt und Strichpunkt

3 Wortlehre

3.1 Reflexiv-, Demonstrativ- und Indefinitpronomen

Pronomen sind in der Regel Begleiter oder Stellvertreter von Nomen. Neben den Personal- und Possessivpronomen, die du bereits kennen gelernt hast, unterscheidet man noch weitere Arten von Pronomen.

Reflexivpronomen

mir/mich, dir/dich, sich, uns, euch
(von-, mit-) einander

Reflexivpronomen beziehen sich auf das Subjekt eines Satzes, Person und Numerus sind von diesem Subjekt abhängig. Der Kasus wird durch das Prädikat des Satzes bestimmt.

Lisa freut **sich** über den neuen mp3-Player.
(Subjekt: 3. Person Singular, Prädikat → Akkusativ)
Ich kann **mir** das überhaupt nicht vorstellen.
(Subjekt: 1. Person Singular, Prädikat → Dativ)
Sie kennen **sich/einander** schon lange.
(Subjekt: 3. Person Plural, Prädikat → Akkusativ)

Demonstrativpronomen

dieser/diese/dieses/jener/jene/jenes
derselbe/dieselbe/dasselbe
derjenige/diejenige/dasjenige
solche

Demonstrativpronomen begleiten oder ersetzen ein Nomen und weisen darauf besonders hin.

Dieses Buch hier gehört mir, **jenes** auf dem anderen Tisch gehört meinem Freund.
Eigentlich könnten wir beide auch **dasselbe Buch** benutzen.
Solche Streiche finde ich nämlich gar nicht lustig.

Der-, *die-* oder *dasjenige* weisen auf ein Relativpronomen hin.

Derjenige, der mein Buch versteckt hat, soll es zurückbringen.

Indefinitpronomen

jemand, niemand, etwas, nichts, alle, jeder, kein, manche, mehrere, etliche, viele, wenige, man, irgendjemand

Indefinitpronomen begleiten oder ersetzen ein Nomen, das nicht genauer bestimmt ist. In der Regel sind sie in ihren Formen von diesem abhängig.

Die neue Lehrerin gefällt allen **Schülern**.
Die neue Lehrerin gefällt **allen**.

1

Schreibe aus dem folgenden Text alle Personal- und Possessivpronomen, alle Reflexiv-, Demonstrativ- und Indefinitpronomen heraus.

Viele Wochen hatten wir an unserem Floß gebaut und eine Menge voneinander gelernt. Mehr als hundert Plastikkanister hatten wir kunstvoll verbunden und sie mit kräftigen Brettern belegt. Unser gesamtes erspartes Taschengeld war für das Projekt draufgegangen. Aber niemand war abgesprungen, alle hatten durchgehalten. Unser Floß sollte uns viele Kilometer den Fluss hinunter tragen und mehrere Wochen unser Zuhause sein. Wir stritten sogar miteinander, wer derjenige sein durfte, der das fertige Floß als erster betreten und sich damit als erster wie ein Flussschiffer fühlen konnte. Schließlich einigten wir uns auf Auslosen.
Unsere Eltern fanden solche Pläne viel zu abenteuerlich. Es war ganz schön mühsam, von ihnen die Erlaubnis für unsere große Floßfahrt zu bekommen. Besonders für mich bedeutete es einen tagelangen Kampf, meine Eltern zu überzeugen. Kaum jemand in unserer Siedlung glaubte daran, dass wir es schaffen würden. Als schließlich der große Tag gekommen war, stritten wir heftig miteinander, wie wir dieses schwere Gefährt überhaupt zu Wasser lassen sollten. Wir gaben uns aber die größte Mühe, und mit unseren vereinten Kräften glitt es unter Beifall aller langsam zu Wasser.

Personalpronomen: *wir,* ____________________

Possessivpronomen: *unserem,* ____________________

Reflexivpronomen: *voneinander,* ____________________

Demonstrativpronomen: *derjenige,* ____________________

Indefinitpronomen: *viele,* ____________________

2

Setze im folgenden Text die passenden Pronomen ein.

Meine Freundin und ich hatten **(wir, uns, sich)** uns______ entschlossen, mal ein richtig großes Menü zu kochen. **(Dieser, Jener, Irgendjemand)** ____________________ hatte mir schon vor ein einiger Zeit ein Kochbuch zum Geburtstag geschenkt, und ich hatte **(ihn, mich, mir)** __________ auch bestimmt freundlich dafür bedankt. Dann war das schöne Kochbuch in einer Regalecke langsam verstaubt, und **(jeder, niemand, mich)** ______________ hatte es jemals wieder angerührt. Jetzt aber erinnerte ich **(sich, mir, mich)** __________ daran, wir setzten **(aneinander, uns, sich)** ____________________ aufs Sofa und lasen **(mich, miteinander, einander)** ____________________ abwechselnd aus **(jenem, diesem, solchem)** ______________ wunderbaren Kochbuch vor. **(Diejenige, Derjenige, Jene)** ________________ von uns, die gerade nicht vorlas, schrieb **(manche, alle, etwas)** ______________ Zutaten auf, von denen wir noch nie gehört hatten. Wir wollten dann **(diese, jene, solche)** ______________ Zutaten im Lexikon nachschlagen.

Tja, wir gaben **(sich, uns, voneinander)** ____________________ große Mühe, lernten eine Menge **(aneinander, voneinander, übereinander)** ____________________, und schließlich waren wir bereit für das große Kochabenteuer.

Tja, hier kannst du **(dich, dir, sich)** __________ ein Bild vom Ergebnis machen. **(Solches, Dieses, Jenes)** ______________ schwarze Brett hier ist mal ein Gemüsegratin gewesen, **(jener, mancher, dieser)** ______________ schwarze Brocken dort ist die marinierte Lammkeule. **(Kein, Niemand, Nichts)** ______________ hat **(uns, sich, wir)** __________ nämlich mehr um den Backofen gekümmert, nachdem wir gegen Mitternacht schließlich **(alle, alles,**

jedes) ____________ dort hinein geschoben hatten und kurze Zeit später schon eingeschlafen waren.

3

Ergänze in den folgenden Sätzen die passenden Pronomen. Alle Pronomen müssen eingesetzt werden.

derjenige, dieses, solche, mir, sich, derjenige, manche, ~~miteinander~~, vieles, diesem, uns, dasselbe, voneinander, allem, sich, miteinander, jenes

a) Oft stritten sie *miteinander*, manchmal verstanden sie ____________ aber auch prima.

b) Auch ____________, der ____________ kann, muss dennoch manchmal um Hilfe bitten.

c) ____________ Kleid hier gefällt mir am besten, ____________ dort können Sie wieder weghängen.

d) ____________ Menschen haben an ____________ etwas auszusetzen. ____________ Menschen kann ich nicht ausstehen.

e) Kann bitte ____________, der als letzter geht, das Licht ausmachen.

f) Sie freute ____________ riesig über das Überraschungsgeschenk. Von ____________ Geschenk sprach sie noch tagelang.

g) Sie hatten viel ____________ gehört, sich aber noch nie gesehen.

h) Wir verbrachten viel Zeit ____________, manchmal gingen wir ____________ deshalb auf die Nerven.

i) Ich möchte gerne ____________ Fahrrad wie du haben, aber mein altes Fahrrad gefällt ____________ auch noch ganz gut.

3.2 Interrogativ- und Relativpronomen

Zur Wortart der Pronomen gehören auch:

Interrogativpronomen

wer (Maskulinum/Femininum)
was (Neutrum)
welcher, welche, welches
was für einer, was für eine

Interrogativpronomen können ein Nomen ersetzen (wer, was) oder ein Nomen begleiten und nach einer genaueren Bestimmung dieses Nomens fragen (welcher, welche, welches, was für einer, was für eine). Ihre Form ist vom ersetzten oder begleiteten Nomen abhängig.

Wer (Subjekt) kommt denn zu deinem Geburtstag?
An was/Woran (präpositionales Objekt) denkst du gerade?
Welche (Attribut) **Freunde** hast du denn zu deinem Geburtstag eingeladen?
Was für ein (Attribut) **Buch** liest du denn da?

Relativpronomen

der, die, das
welcher, welche, welches
wer, was

Relativpronomen beziehen sich meist auf ein Nomen im Hauptsatz oder ersetzen ein Nomen. Sie leiten einen Relativsatz ein. Numerus und Genus sind von dem zugehörigen Nomen abhängig, der Kasus hängt von ihrer Rolle im Relativsatz ab (Subjekt, Objekt, adverbiale Bestimmung, Attribut etc.).

Ich sah **einen Jungen**, **der/welcher** (Subjekt) unglaublich viele Sommersprossen hatte.
Ich sah **einen Jungen**, **an dem** (adverbiale Bestimmung) besonders die vielen Sommersprossen auffielen.
Ich sah **einen Jungen**, **in dessen** (Attribut) Gesicht unglaublich viele Sommersprossen leuchteten.
Wer (Subjekt) so viele Sommersprossen hat, muss ja auffallen.
Was (Objekt) man heute erledigen kann, sollte man nicht auf morgen verschieben.
Man sollte ruhig zeigen, **auf was/worauf** (präpositionales Objekt) man stolz ist.

1

Setze passende Pronomen in der richtigen Form ein und ergänze erforderliche Präpositionen.

Ein Herr im Anzug, der an einer Tankstelle mit einem Tretroller vorfährt, fällt auf.

_________ weiß schon, _________ solch ein seltsamer Mensch vorhat.

Der Herr im Anzug, um _____________ Hemdkragen sogar eine Krawatte sorgfältig gebunden ist, möchte nur den Luftdruck in den Rollerreifen prüfen.

Ich überlege die ganze Zeit, _____________ mich dieser seltsame Mann erinnert.

Der Mann packt das Luftdruckgerät, _________ über einer Luftdruckleitung hängt, und überlegt, ______________________ Stelle des Rades er wohl den Luftdruck prüfen und ___________ er den Schlauch stecken kann.

___________ Stress!

Der Roller, _________ Räder mit verchromten Speichen besitzt, fällt schließlich dem armen Mann auf die Füße, ____________________ er nagelneue Lackschuhe trägt.

Ich weiß nicht, ________________ sich der Mann am meisten ärgert – über das Luftdruckgerät, ________________ er nicht zurecht kommt, oder über den Roller, ______________ scharfe Lenkerkante sich in seinen Fuß bohrt. Na ja, _________ soll ich euch sagen: Ganz plötzlich warf er das Luftdruckgerät zur Seite und schoss mit einem Tempo, _________ jedem Sportwagen große Ehre gemacht hätte, davon.

_________ von euch glaubt mir diese verrückte Geschichte?

2

Bestimme die Form der eingesetzten Pronomen.

Subjekt:	*der* ______________________
Objekt:	*was* ______________________
Präpositionales Objekt:	*woran* ______________________
Adverbiale Bestimmung:	*wohin* ______________________
Attribut:	*dessen* ______________________

3

Schreibe die Interrogativ- und Relativpronomen heraus, ordne sie in die Tabelle ein. Nenne jeweils das zugehörige Nomen oder Pronomen, sofern es im Satz genannt wird.

a) Welche alten Leute wollen denn noch einmal zur Schule gehen?
b) Sind es vielleicht diejenigen, die noch nie lesen gelernt haben?
c) Oder sind es vielleicht die, denen man nie richtig Mathematik beigebracht hat?
d) Was für Bücher soll man denn diesen alten Schülern geben?
e) Wer sie unterrichtet, muss bestimmt eine besondere pädagogische Ausbildung haben.
f) Vielleicht können die jungen von den alten Schülern, in deren Leben schon viel mehr passiert ist, eine Menge lernen.
g) Wer kann schon sagen, in welchen Fächern Lebenserfahrung eine besonders wichtige Rolle spielt?
h) Vielleicht ist es besonders der Geschichtsunterricht, bei dem die jungen von den alten Schülern profitieren können.

i) Es ist allerdings noch unklar, welche Grammatikthemen die Alten besonders interessieren und worauf sie hier spezialisiert sind.
j) Auf jeden Fall wird es spannend, womit wohl die Lehrer junge und alte Schüler motivieren werden.

Interrogativpronomen	Zugehöriges Nomen/Pronomen
a) welche	Leute

Relativpronomen	Zugehöriges Nomen/Pronomen
b) die	diejenigen

1. **Pronomen** sind in der Regel Begleiter oder Stellvertreter von Nomen. ☐

2. Man unterscheidet zwischen Personal-, Possessiv-, Reflexiv-, Demonstrativ-, Indefinit-, Interrogativ- und Relativpronomen. ☐

3. Wenn ein Pronomen Begleiter eines Nomens ist, richtet es sich in Kasus, Numerus und Genus nach diesem Nomen. ☐

4. Wenn ein Pronomen Stellvertreter eines Nomens ist, richtet es sich in Numerus und Genus nach diesem Nomen. Der Kasus hängt vom jeweiligen Verb und der Rolle des Pronomens im Satz ab. ☐

5. **Reflexivpronomen** beziehen sich immer auf das Subjekt eines Satzes. ☐

6. **Demonstrativpronomen** begleiten oder ersetzen ein Nomen und haben eine hinweisende Bedeutung. ☐

7. **Indefinitpronomen** begleiten oder ersetzen ein Nomen, das nicht näher bestimmt ist. ☐

8. **Interrogativpronomen** fragen nach einem Nomen oder nach der genaueren Bestimmung eines Nomens. ☐

9. **Relativpronomen** leiten einen Relativsatz ein, der sich entweder auf ein Nomen im Hauptsatz bezieht (Attribut) oder ein Satzglied des Hauptsatzes bildet. ☐

1

Welche Pronomen werden in den Zeichnungen dargestellt? Bilde jeweils einen Satz, der die Zeichnung beschreibt und das Pronomen enthält. Trage die Lösungen in dein Trainingsheft ein.

Punkte: max. 6

2

Formuliere jeden Satz so um, dass er ein neues Pronomen enthält und sein Sinn erhalten bleibt. Gib dir für jeden richtigen Satz einen Punkt.

a) Ein Mensch, der eine Reportage schreibt, muss genau beobachten. **(jemand)**

Jemand, der eine Reportage schreibt, muss genau beobachten.

b) Wenn ein Leser die Reportage liest, soll er die beschriebenen Ereignisse miterleben. **(jemand)**

c) Die beschriebenen Ereignisse müssen also sehr anschaulich dargestellt werden. **(solche)**

d) Der Leser muss auch Antwort auf die Frage nach den beteiligten Personen bekommen. **(wer)**

e) Ein Mensch ohne Sprachgefühl kann keine gute Reportage schreiben. **(niemand)**

f) Wenn kein Mensch diese Ereignisse verstehen kann, ist die Reportage misslungen. **(niemand)**

g) Wenn zwei Menschen über ein Ereignis schreiben, können dabei ganz verschiedene Reportagen herauskommen. **(dasselbe)**

h) Nicht wenige Reportagen werden auch über Reisen in ferne Länder verfasst. **(manche)**

i) Reportagen dieser Art nennt man auch Reiseberichte. **(solche)**

j) Ein Unbekannter hat einmal gesagt, Reportagen müssten als Filme im Kopf ablaufen. **(irgendjemand)**

k) Ich habe eine gute Erinnerung an eine Reportage über die Durchquerung der Sahara. **(mich)**

l) Ich war begeistert, wie spannend diese Reise war. **(was für eine)**

m) Ein Mann hat ganz allein diese Wüste durchquert. Sein einziger Begleiter war ein Kamel. **(dessen)**

Punkte: max. 12

Wenn du alles richtig gemacht hast, kannst du 18 Punkte erreichen.

Gesamtpunkte: max. 18

16–18 Punkte

Sehr gut, mit den Pronomen hast du keine Probleme mehr.

10–15 Punkte

Du kannst du sicher noch verbessern.

0–9 Punkte

Am besten wiederholst du dieses Kapitel noch einmal.

4 Modus

4.1 Der Konjunktiv

Im Deutschen gibt es **drei** verschiedene **Aussageweisen**. Man nennt sie Modi (im Singular: Modus). Den Indikativ (Wirklichkeitsform) und den Imperativ (Befehlsform) kennst du bereits. Mit dem **Indikativ** drückst du eine Tatsache aus, die wirklich gegeben oder, wie zum Beispiel in einer Geschichte oder einem Märchen, auch erfunden sein kann. Mit dem **Imperativ** drückst du einen **Befehl** oder eine **Aufforderung** oder auch eine **Bitte** aus.

Daneben gibt es eine dritte Aussageweise, den **Konjunktiv** (Möglichkeitsform). Man unterscheidet im Deutschen zwischen dem Konjunktiv I und dem Konjunktiv II.

Konjunktiv I

Den Konjunktiv I verwendest du, wenn du einen **Wunsch** oder eine **Möglichkeit** zum Ausdruck bringen möchtest. Auch **Empfehlungen** und **Anleitungen** drückst du mit dem Konjunktiv I aus. Vor allem aber verwendest du ihn, wenn du die Äußerung eines anderen aus deinem Blickwinkel wiedergibst (**indirekte Rede**).

> Man **nehme** zwei Eier, einen halben Liter Milch und eine Vanilleschote. (Anleitung)
> Er behauptet, er **besitze** jetzt endlich ein neues Fahrrad. (indirekte Rede)

Der Konjunktiv I wird im Präsens mit dem Präsensstamm des Verbs und den Endungen *-est*, *-e* oder *-et* gebildet.

	Indikativ Präsens	**Konjunktiv I Präsens**
Ich	lobe	lobe
Du	lobst	lob**est**
Er/sie/es	lobt	lob**e**
Wir	loben	loben
Ihr	lobt	lob**et**
Sie	loben	loben

Oft gleichen die Formen des Konjunktivs I Präsens denen des Indikativs Präsens. Dann werden sie durch Formen des Konjunktivs II ersetzt.

Konjunktiv I: Wir **loben.** – Wir **finden.**
ersetzt durch
Konjunktiv II: Wir **würden loben.** – Wir **fänden.**

Konjunktiv II

Den Konjunktiv II verwendest du, wenn du einen Gedanken oder eine Vorstellung ausdrücken möchtest und etwas beschreibst, das nicht oder noch nicht Wirklichkeit ist. Wenn du eine höfliche Bitte äußern möchtest, gebrauchst du auch den Konjunktiv II.

Es **wäre** schön, wenn ich ein neues Fahrrad **besäße**.
Wenn ich ein neues Fahrrad **hätte**, **müsste** ich nicht mehr zu Fuß zur Schule gehen.
Würdest du mir bitte deinen Stift leihen.

Bei der Bildung des Konjunktivs II unterscheidet man regelmäßige und unregelmäßige Verben.
Bei den **regelmäßigen Verben** wird der Konjunktiv II Präsens von den Präteritumformen im Indikativ abgeleitet. Dabei unterscheiden sich einige Formen des Konjunktivs II nicht von den Präteritumformen im Indikativ. Um den Konjunktiv II trotzdem deutlich hervorzuheben, umschreibst du ihn mit „würde". Auch veraltete Formen des Konjunktivs kannst du auf diese Weise umschreiben.

	Indikativ Präteritum	**Konjunktiv II Präsens**	
Ich	lobte	lobte	würde loben
Du	lobtest	lobtest	würdest loben
Er/sie/es	lobte	lobte	würde loben
Wir	lobten	lobten	würden loben
Ihr	lobtet	lobtet	würdet loben
Sie	lobten	lobten	würden loben

Der Konjunktiv II der **unregelmäßigen Verben** wird im Präsens mit dem Präteritumstamm des Verbs und den Endungen *-e*, *-est*, *-en* oder *-et* gebildet. Der Stammvokal wird umgelautet, wenn es möglich ist (a – ä, o – ö, u – ü).

Ich gab gäbe (Umlautung möglich)
Aber:
Ich ging ginge (keine Umlautung möglich)

Anders als der Indikativ haben Konjunktiv I und II nur eine **Vergangenheitsform**. Der Konjunktiv I bildet sie mit Hilfe der abgewandelten Perfektform und der Konjunktiv II mit der abgewandelten Plusquamperfektform des Indikativs.

Er **habe** ihm das Buch gegeben. (Konjunktiv I Vergangenheit)
Er **hätte** ihm das Buch gegeben. (Konjunktiv II Vergangenheit)

Alle Verbformen mit Hilfsverben (Futur, Perfekt, Plusquamperfekt und Passiv) werden im Konjunktiv I und Konjunktiv II mit den jeweiligen Konjunktivformen des Hilfsverbs gebildet.

Das Buch **wird** oft gelesen. **(Indikativ)**
Man sagt, das Buch **werde** oft gelesen. **(Konjunktiv I)**
Das Buch **würde** oft gelesen, wenn man es noch kaufen könnte. **(Konjunktiv II)**

1

Bestimme die Aussageweisen der Sätze – Indikativ, Imperativ, Konjunktiv I oder Konjunktiv II?

a) Ach, hätte ich doch mehr Grammatik gelernt!

Konjunktiv II

b) Hör doch endlich auf, über die Grammatik zu meckern!
c) Er ist überzeugt, sein Freund könne viel besser Grammatik als alle anderen.
d) Ihr seid alle Grammatikmuffel.
e) Gib mir bitte das Grammatikbuch.
f) Könntest du mir bitte das Grammatikbuch geben.
g) Ich gäbe dir das Buch, wenn du mich freundlich darum bätest.
h) Schließlich hat er ihm das Buch aber doch gegeben.
i) Er behauptet, seine Freunde seien alle grammatikbegeistert.
j) Sie hätten schon als Babys mit Grammatikbüchern gespielt, wenn sie diese bekommen hätten.

2

Bestimme die Konjunktive genau – Konjunktiv I oder II, Person und Numerus.

a) Ich würde euch jetzt gerne ein spannendes Märchen erzählen.

Konjunktiv II, 1. Person Singular

b) Ich läse es auch vor, wenn ich das Märchenbuch nicht vergessen hätte.
c) Wenn die Armut der Eltern nicht so groß gewesen wäre, hätten Hänsel und Gretel nicht das Abenteuer mit der Hexe gehabt.
d) Ihre Stiefmutter glaubte, das Geld reiche nicht für alle.
e) Sie sagte zu ihrem Mann, sie habe schon vor einiger Zeit eine tolle Idee gehabt.
f) Wenn die beiden Kinder fort wären, hätten sie genug zum Leben.
g) Wenn sie diese Idee schon früher gehabt hätte, wären die Kinder schon längst nicht mehr da.
h) Der Vater erwiderte, er sei nicht gerade begeistert von dieser Idee und er wolle lieber Überstunden beim Holzhacken machen als die armen Kinder fortschicken.
i) Wenn die Stiefmutter nicht so hartnäckig gewesen wäre, wäre die Geschichte ganz anders verlaufen.
j) Auf dem Weg durch den Wald flüsterte Hänsel, er habe Angst, und Gretel, sie befürchte das Schlimmste und habe die Stiefmutter noch nie leiden können.
k) Die Hexe fragte aus dem Inneren des Hexenhauses, wer denn da angeklopft habe.
l) Die beiden Kinder sagten, sie hätten sich im Wald verlaufen und wüssten den Heimweg nicht mehr.
m) Könntest du dieses Märchen bitte nacherzählen.
n) Würdet ihr euch bitte bis zur nächsten Stunde über die Gebrüder Grimm informieren.

4.2 Indirekte Rede

Den **Konjunktiv I** verwendet man, um einen Wunsch oder eine Möglichkeit auszudrücken, in Anleitungen und Anweisungen und besonders in der **indirekten Rede**. Mit der indirekten Rede gibst du die Äußerung eines anderen aus deinem Blickwinkel wieder.

Mein Freund sagt, er **müsse** heute zu Hause bleiben, weil er sein Zimmer noch nicht fertig **aufgeräumt habe**.

Wenn die Form des Konjunktivs I gleichlautend ist mit einer Indikativform (1. Singular, 1. und 3. Plural), verwendet man den Konjunktiv II als Ersatzform.

Die Lehrerin behauptet, die Schüler (machen) **machten** / **<u>würden</u>** kaum noch Hausaufgaben **<u>machen</u>.**

Im Unterschied zur direkten Rede, mit der man die Äußerung eines anderen wörtlich wiedergibt, berichtet man mit der indirekten Rede davon nur **sinngemäß** und **aus eigenem Blickwinkel**. Dies bedeutet, dass sich z. B. Hinweise auf Personen, Ort und Zeit verändern können. Besonders häufig werden die Personalpronomen verändert.

Direkte Rede
Meine Freundin fragte mich: "Kommst **du** nicht mit ins Kino? **Wir** sitzen alle **hier bei mir** und warten auf **dich**!"
Indirekte Rede
Meine Freundin fragte mich, ob **ich** nicht mit ins Kino käme? **Sie** säßen alle **bei ihr im Zimmer** und würden auf **mich** warten.

Bei der **Umwandlung** einer direkten in eine indirekte Rede gilt:

Indikativ Präsens (direkte Rede)
↓
Konjunktiv Präsens (indirekte Rede)
Meine Freundin sagte: „Ich **gehe** jetzt ins Kino."
Meine Freundin sagte, sie **gehe** jetzt ins Kino.

Indikativ Präteritum, Perfekt, Plusquamperfekt (direkte Rede)
↓
Konjunktiv Vergangenheitsform (indirekte Rede)
Meine Freundin sagt: „Ich **war** gestern im Kino."
Meine Freundin sagt, sie **sei** gestern im Kino **gewesen**.

1

Forme die direkte Rede in die indirekte Rede um und bilde, falls erforderlich, passende Hauptsätze. Wo ist der Konjunktiv II erforderlich? Trage deinen Text ins Trainingsheft ein.

a) STEFAN: „Guten Tag. Können Sie mir vielleicht mein Fahrrad reparieren?

Stefan begrüßte den Fahrradhändler und fragte ihn, ob er ihm vielleicht sein Fahrrad reparieren könne. ...

Ich bin gestern gegen einen Bordstein gefahren, als wir ein Rennen veranstaltet haben. Mein Vorderrad ist total verbogen."

b) FAHRRADHÄNDLER: „Na, das sieht aber übel aus. Bei wem hast du denn dieses Billigrad gekauft? Ich fürchte, dass du ein ganz neues Vorderrad brauchst."

c) STEFAN: „Aber das wird doch bestimmt teuer. Meine Freunde haben mir gesagt, das könnte man wieder zurechtbiegen. Warum geht das denn nicht?"

d) FAHRRADHÄNDLER: „Schau dich mal hier um. Zum Beispiel dieses Fahrrad dort hinten in der Ecke hat viel stärkere Felgen als dein Rad. Und wenn daran mal was krumm werden sollte, dann kann man meist noch was machen. Aber deines hier sieht ja vorne ganz verknittert aus. Das kriege ich wohl nicht mehr hin."

e) STEFAN: „Wie teuer ist denn ein gutes neues Vorderrad bei Ihnen?"

f) FAHRRADHÄNDLER: „Das fängt bei 50 Euro an. Aber wenn ihr häufig solche Rennen fahrt, solltest du besser dies hier für 80 Euro nehmen."

g) STEFAN: „Na ja, so oft machen wir das auch nicht. Jetzt werde ich bestimmt vorsichtiger fahren."

1. Im Deutschen gibt es drei Modi (Aussageweisen): Indikativ, Konjunktiv und Imperativ (Befehlsform). ☐
2. Mit dem **Indikativ** wird eine wirkliche oder erfundene Tatsache ausgedrückt. ☐
3. Mit dem **Imperativ** drückst du einen Befehl, eine Aufforderung oder auch eine Bitte aus. ☐
4. Beim **Konjunktiv** unterscheidet man zwischen dem Konjunktiv I und dem Konjunktiv II. ☐
5. Den **Konjunktiv I** verwendest du, um einen Wunsch oder eine Möglichkeit auszudrücken, für eine Anleitung oder die indirekte Rede, den Konjunktiv II für Vermutungen, höfliche Bitten oder als Ersatz für den Konjunktiv I. ☐
6. Den Konjunktiv I bildest du mit demselben Verbstamm wie im Indikativ, aber mit z. T. anderen Personalendungen. Wenn eine Konjunktiv I-Form gleich lautend mit einer Indikativform ist, verwendest du den Konjunktiv II. ☐
7. Den **Konjunktiv II** Präsens bildest du mit Hilfe der Präteritumform des Indikativs. ☐
8. Im Unterschied zum Indikativ mit drei unterschiedlichen Vergangenheitsformen gibt es im Konjunktiv nur jeweils eine Vergangenheitsform. ☐
9. Die **Vergangenheitsform** des Konjunktivs I bildest du mit Hilfe der Perfektform des Indikativs und die Vergangenheitsform des Konjunktivs II mit Hilfe der Plusquamperfektform des Indikativs. ☐
10. Mit der **indirekten Rede** wird eine Äußerung nicht wörtlich, sondern nur sinngemäß wiedergegeben. Dabei können sich der Blickwinkel, d. h. die Hinweise auf Personen (z. B. Pronomen), Ort oder Zeit ändern. Für die indirekte Rede verwendest du den Konjunktiv I im Präsens. Gleicht der Konjunktiv I der Indikativform, verwendest du den Konjunktiv II als Ersatzform. ☐

1

Setze die passenden Formen des Verbs im Konjunktiv I oder II ein. Achte auch auf die richtige Zeit und die richtige Stellung im Satz. Gib dir für jeden richtigen Satz einen Punkt.

a) Wissenschaftler behaupten, der Filmaffe King Kong einen Vorfahren **(haben)**.

Wissenschaftler behaupten, der Filmaffe King Kong habe einen Vorfahren.

b) Dieser Vorfahre ein riesiger Orang-Utan **(sein)**.

c) Wenn sie nicht in China ungewöhnlich große Zähne **(finden)**, die Wissenschaftler nie auf die Spur dieses Monsters **(kommen)**.

d) Früher glaubten viele Chinesen, es bei diesen Zähnen um Drachenzähne **(sich handeln)**.

e) Wenn nicht einige Wissenschaftler genauer mit diesen Zähnen **(sich beschäftigen)**, viele Chinesen heute noch an Drachenzähne **(glauben)**.

f) Wissenschaftler berichten, inzwischen sie schon sehr viele Überreste des ausgestorbenen Riesenaffen **(entdecken)**.

g) Der Affe ein Körpergewicht von mehr als 500 Kilogramm **(besitzen)**, und der Durchmesser eines Backenzahns 25 mm **(betragen)**.

h) Manche Chinesen erzählen, die Entdeckung des Riesenaffen das Denken der Bevölkerung **(verändern)**, ihre Vorfahren nämlich die Affenzähne früher als eine Art Zaubermedizin **(benutzen)**.

i) Heute erklären viele Chinesen, sie den Film über King Kong sehen **(wollen)**.

j) Vielleicht haben sie die Hoffnung, sie verzaubert werden **(können)**.

Punkte: max. 9

2

Forme den Dialog der beiden Freundinnen in die indirekte Rede um. Bilde dazu passende Hauptsätze. Schreibe deinen Text ins Trainingsheft und gib dir für jeden richtig umgewandelten Dialogteil einen Punkt.

1. BABSI: „Hallo, Bine. Hier ist Babsi. Auch schon aus dem Urlaub zurück?"

   Babsi rief Bine an und fragte, ob sie auch schon aus dem Urlaub zurück sei.

   ...

2. BINE: „Ja, bin gerade erst aus dem Flieger geklettert. Und wie war's bei dir im Urlaub?"

3. BABSI: „Kann mich nicht beschweren. Wir waren tief unten in Afrika, und ich sitze gerade auf einer von den tollen Trommeln, die die afrikanischen Freunde uns geschenkt haben. Und was habt ihr gemacht?"

4. BINE: „Na, wir sind kurz entschlossen für fünf Wochen zum Tauchen vor der australischen Küste weg gewesen. War gar nicht so übel."

5. BABSI: „War bestimmt interessant. Bei uns gab es Trommelkurse, Safaris und Dschungelmarathon. Ist aber nur was für Leute mit starken Nerven."

6. BINE: „Na, da hast du ja bestimmt für die nächsten Jahre vom Wald die Nase voll. Delphinreiten, tägliche Haifütterung und besonders das Tauchen sind ein richtiges Hobby von uns geworden. Deshalb fliegen wir in den Herbstferien auch schon wieder runter."

7. BABSI: „Willst du dir nicht ein Aquarium anschaffen? Dann kannst du immer Fische gucken. Wär' billiger."

8. BINE: „Dann lass uns doch zusammen noch mal in den Zoo gehen. Dann hätten wir beide Urlaub – du deinen Dschungel und ich mein Aquarium."

Punkte: max. 7

In diesem Test kannst du insgesamt 16 Punkte erreichen.

Gesamtpunkte: max. 16

14 – 16 Punkte
Klasse! Der Konjunktiv fällt dir nicht mehr schwer.

9 – 13 Punkte
Bestimmt kannst du dich noch verbessern.

0 – 8 Punkte
Du solltest dieses Kapitel noch einmal wiederholen.

5 Satzlehre

5.1 Subjekt- und Objektsätze

Jeder Satz besteht aus so genannten **Satzgliedern**. Zu den Satzgliedern gehören Subjekt, Prädikat, Objekt (evtl. mit Präposition) und adverbiale Bestimmung. Durch die **Umstell- oder Verschiebeprobe** kannst du herausfinden, welche Wörter jeweils zu einem Satzglied gehören. Mit der **Frageprobe** kannst du herausfinden, um welche Art von Satzglied es sich handelt:

Wer oder **was**? – Subjekt
Was geschieht? – Prädikat
Wen oder **was / Wem**? – Objekt (Akkusativ / Dativ)

Nebensätze können auch als Satzglieder des Hauptsatzes verwendet werden. Man spricht dann von Subjektsätzen, (präpositionalen) Objektsätzen oder auch Adverbialsätzen. Durch die Frageprobe kann man sie bestimmen. Es gibt drei Arten von **Subjekt-** bzw. **Objektsätzen**: **dass-Sätze, indirekte Fragesätze und Infinitivsätze.**

Dass bei meinem Fahrrad jeden Tag die Kette abspringt, ist schwer zu verstehen. (**Subjektsatz**)
(Frageprobe: **Wer** oder **was** ist schwer zu verstehen?)
Ich frage den Buchhändler, **ob von meinem Lieblingsautor ein neues Buch erschienen ist. (Objektsatz)**
(Frageprobe: **Wen** oder **was** frage ich den Buchhändler?)
Ich freue mich **darauf, in den Sommerferien ans Meer zu fahren. (Präpositionaler Objektsatz**)
(Frageprobe: **Worauf** freue ich mich?)

1

Bestimme, als welche Satzglieder die Nebensätze verwendet werden. Wende die Frageprobe an.

a) **Ob dies hier ein Subjekt- oder ein Objektsatz ist,** muss ich erst noch herausfinden.

Frageprobe: Wen oder was muss ich erst noch herausfinden? – Objektsatz (Akkusativobjekt)

b) Ich bin gerade damit beschäftigt, **Nebensätze zu bestimmen.**
c) Ich weiß noch nicht genau, **wann ich mit dieser Aufgabe fertig bin.**
d) Ich freue mich darauf, **bald mit dieser Aufgabe fertig zu sein.**
e) **Dass du diese Aufgabe schon erfolgreich beendet hast,** kann ich kaum glauben.
f) **Dass du mir zehn spannende Objektsätze zum Geburtstag geschenkt hast,** war eine ganz tolle Idee.
g) **Mir zehn langweilige Subjektsätze zu schenken,** war keine gute Idee.

2

Forme jeweils ein geeignetes Satzglied in einen Nebensatz um und bestimme, um welche Art von Nebensatz es sich handelt (dass-Satz, indirekter Fragesatz, Infinitivsatz). Schreibe die vollständigen Sätze in dein Trainingsheft.

a) Das Überleben im Dschungel ist gar nicht so einfach.

Im Dschungel zu überleben, ist gar nicht so einfach. – Infinitivsatz

b) Man muss sich zum Beispiel vor den Stichen giftiger Insekten schützen.
c) Man sollte sich über mögliche Gefahren genau informieren.
d) Am besten fragt man erfahrene Dschungelreisende nach dem wirksamsten Schutz vor gefährlichen Stichen.
e) Wir planen jetzt eine Reise tief ins Innere des Amazonasgebiets.
f) Wir bereiten uns auf Regen und große Hitze vor.
g) Wir verzichten natürlich auf die Mitnahme frischer Lebensmittel.
h) Der Transport des gesamten Gepäcks wird ein großes Problem.
i) Wir erwarten viele Beobachtungen seltener Tiere und die Entdeckung unbekannter Pflanzen.
j) Die Begegnung mit der ersten Riesenschlange wird sicherlich sehr spannend sein.

5.2 Adverbialsätze

Neben Subjekt, Prädikat und Objekt gehören adverbiale Bestimmungen zu den Satzgliedern. Auch Nebensätze können als adverbiale Bestimmungen verwendet werden; solche Nebensätze nennt man Adverbialsätze.
So wie es verschiedene Arten von adverbialen Bestimmungen gibt, gibt es auch verschiedene Arten von Adverbialsätzen.
Die unterschiedlichen **Konjunktionen** am Anfang von Adverbialsätzen zeigen an, um welche Satzart es sich handelt. Du kannst sie auch mit Hilfe der Frageprobe bestimmen.

Temporalsatz (als, nachdem – Frage: Wann?)
Nachdem sie sich umgezogen hatte, fuhr sie zum Reiten.
Wann fuhr sie zum Reiten?
Kausalsatz (da, weil – Frage: Warum?)
Da ihre Reithose total verschmutzt war, ärgerte sie sich.
Warum ärgerte sie sich?
Konditionalsatz (wenn – Frage: Unter welchen Bedingungen?)
Wenn du diese Hausaufgaben schaffst, bewundere ich dich.
Unter welchen Bedingungen bewundere ich dich?
Finalsatz (damit, dass, um zu + Infinitiv – Frage: Wozu? Zu welchem Zweck?)
Wir fahren zur Oma, **um** ihr zum Geburtstag **zu** gratulieren.
Wozu / zu welchem Zweck fahren wir zur Oma?
Konsekutivsatz (sodass – Frage: Welche Folge / Wirkung?)
Bei unserer Wanderung war es sehr heiß, **sodass** wir literweise Wasser trinken mussten.
Welche Folge hatte es, dass es bei unserer Wanderung heiß war?
Konzessivsatz (obwohl – Frage: Warum ist ein Verhalten oder Ereignis ungewöhnlich?)
Anna schläft weiter, **obwohl** ihre Mutter sie schon zweimal geweckt hat.
Warum ist es ungewöhnlich, dass Anna weiterschläft?
Modalsatz (indem – Frage: Wie? Auf welche Weise?)
Wir planen unseren nächsten Urlaub, **indem** wir uns zuerst einmal im Internet informieren.
Wie / auf welche Weise planen wir unseren nächsten Urlaub?

1

Wandle die adverbialen Bestimmungen in Adverbialsätze um. Um welche Satzart handelt es sich? Wende die Frageprobe an und schreibe die Lösungen in dein Trainingsheft.

a) **Bei schönem Wetter** treffen wir uns im Park.

Wenn es schönes Wetter gibt, treffen wir uns im Park.
Frageprobe: Unter welchen Bedingungen? – Konditionalsatz

b) **Während ihrer Reise zum Mond** lernte sie keine neuen Leute kennen.
c) **Trotz ihres geringen Taschengelds** konnte sie sich ein neues Fahrrad kaufen.
d) Christine informiert sich über die neuen Hausaufgaben **durch einen Anruf bei ihrer Freundin**.
e) Der kleine Hund zittert **wegen des lauten Bellens und des bedrohlichen Knurrens einer riesigen Dogge**.
f) Ein Hund muss **zum richtigen Verhalten in einer Familie erzogen werden**.

2

Füge mit Hilfe der Stichworte passende Adverbialsätze ein. Um welche Satzart handelt es sich?

a) Wir mieten ein Segelboot. **(Urlaub machen)**

Wir mieten ein Segelboot, um Urlaub zu machen. – Finalsatz

b) Wir packen warme Sachen ein. **(schlechtes Wetter vorhergesagt)**
c) Wir verlassen den Hafen. **(Sturm angekündigt)**
d) Wir bereiten uns auf den Sturm vor. **(Segel einholen)**
e) Der Sturm wurde stärker als erwartet. **(Rettungswesten anlegen und anleinen)**
f) Wir waren sehr erleichtert. **(den Sturm überstanden haben)**
g) Wir machten uns landfein und zogen unsere besten Sachen an. **(in einem Restaurant essen gehen)**

1. **Nebensätze** können als **Satzglieder**, d. h. als Subjekt-, (präpositionale) Objekt- oder Adverbialsätze verwendet werden. ☐

2. Mit Hilfe der **Frageprobe** kannst du herausfinden, um welche Art von Satzglied es sich bei einem Nebensatz handelt. ☐

3. **Subjekt-** und **Objektsätze** können dass- Sätze, indirekte Fragesätze oder Infinitivsätze sein. ☐

4. **Adverbialsätze** werden je nach Bedeutung von unterschiedlichen Konjunktionen eingeleitet. ☐

5. Man unterscheidet bei den Adverbialsätzen zwischen Temporal-, Kausal-, Konditional-, Final-, Konsekutiv-, Konzessiv- und Modalsätzen. ☐

1

Formuliere jeweils mit den Stichworten einen passenden Nebensatz und bestimme, um welche Art von Nebensatz es sich handelt und als welches Satzglied du ihn verwendest.

a) Tim erkundigte sich danach. **(Schachturnier stattfinden)**

Tim erkundigte sich danach, wann das Schachturnier stattfand. – Indirekter Fragesatz / präpositionaler Objektsatz

b) Er musste ein schwieriges Formular ausfüllen. **(teilnehmen dürfen)**

c) Er trainierte intensiv. **(Meisterspiele nachspielen)**

d) Er glaubte fest daran. **(beim Schachturnier gewinnen)**

e) Er wusste nicht. **(genau beginnen)**

f) Er fühlte sich ziemlich unbehaglich. **(der jüngste Teilnehmer sein)**

g) Er war sehr aufgeregt. **(seine Hände schwitzen)**

h) Er wäre am liebsten wieder gegangen. **(schachbegeistert sein)**

i) Viele alte Männer saßen ernst an großen Tischen. **(in die Halle eintreten)**

j) Er konnte es kaum glauben. **(beim Schachturnier gewinnen)**

k) Es war ja auch eine ganz besondere Leistung. **(bei einem solchen Turnier gewinnen)**

Punkte: max. 10

Gesamtpunkte: max. 10

Wenn du alles richtig gemacht hast, kannst du 10 Punkte erreichen.

9–10 Punkte
Prima! Dieses Kapitel fällt dir nicht mehr schwer.

6–8 Punkte
Bestimmt kannst di dich noch verbessern.

0–5 Punkte
Am besten wiederholst du dieses Kapitel.

6 Zeichensetzung

6.1 Kommasetzung bei Infinitiv- und Partizipgruppen, bei Datums- und Adressangaben

Infinitivgruppen

In Infinitivgruppen gibt es immer ein Verb im Infinitiv (Nennform). Sie müssen in folgenden Fällen durch ein Komma vom übrigen Satz getrennt werden:

Die Infinitivgruppe wird mit einem der folgenden Wörter eingeleitet:
als, (an)statt, um, außer, ohne

> Sie ging lieber ins Schwimmbad, **als** für die nächste Mathearbeit zu lernen.

Die Infinitivgruppe ist Attribut zu einem Nomen oder Adjektiv im Hauptsatz.

> Aus **Freude**, den ersten Preis gewonnen zu haben, umarmte sie alle ihre Freundinnen.

Ein hinweisendes Wort kündigt eine Infinitivgruppe an oder weist auf sie zurück.

> Er ist die ganze Zeit **damit** beschäftigt, das neue Computerprogramm zu verstehen.
> Das neue Computerprogramm zu starten, **das** kann er kaum noch erwarten.

Partizipgruppen

Partizipgruppen enthalten immer ein Partizip (I oder II). Sie müssen nur in bestimmten Fällen durch ein Komma vom übrigen Satz getrennt werden:

Auf die Partizipgruppe wird durch ein Wort hingewiesen.

> Vor Spannung zitternd, **so** saß der Jagdhund vor dem Fuchsbau.

Die Partizipgruppe wird als nachgestellter Zusatz eingeschoben.

> Der Jagdhund saß, **vor Spannung zitternd**, vor dem Fuchsbau.

In allen anderen Fällen sollten bei Infinitiv- oder Partizipgruppen Kommas gesetzt werden, wenn dadurch der Satz besser verständlich wird.

Datums- oder Adressangaben

Mehrteilige Datums- oder Adressangaben werden durch Kommas gegliedert. Ein Komma hinter der letzten Angabe ist möglich, aber nicht notwendig.

Wir treffen uns am Freitag, den 18. August, um 11.30 Uhr (,) in Köln, Josef-Haubrich-Hof, an der Infotheke der Stadtbücherei (,) zu einer Führung durch die Abteilungen der Zentralbibliothek.

1

Welche Kommas müssen, welche können (,) gesetzt werden?

Am Mittwoch den 1. April 1985 kurz vor acht Uhr stand Claudio ziemlich angespannt und nervös um sich schauend vor der Hundeschule in Köln Augustastraße um an der großen Hundeleistungsprüfung teilzunehmen.
Ebenfalls aufgeregt und ein wenig zitternd vor Kälte so kauerte neben ihm sein kleiner Mischlingsrüde Fips ohne auch nur eine Sekunde den Blick von seinem Herrchen abzuwenden. Um den aufgeregten jungen Hund zu beruhigen hielt ihm Claudio immer wieder ein kleines Stück Hundekuchen vor die Nase. Er hatte nämlich die Befürchtung wegen der Nervosität von Herr und Hund bei der Prüfung durchzufallen.
Plötzlich erhielt er sich instinktiv zusammen krümmend einen gewaltigen Schlag gegen den Rücken. Eine riesige Dogge versuchte ihn von hinten anspringend den Hundekuchen aus seiner Hand zu reißen.
Auf dem Boden liegend schaffte er es gerade noch seinen Fips von der Leine zu lassen und ihn damit vor der wilden Dogge zu schützen.
Dem kleinen Fips gelang es die Zähne fletschend und gefährlich knurrend seinen Hundekuchen vor der Dogge in Sicherheit zu bringen.
Am selben Tag noch gegen 12.30 Uhr nahm Claudio vor Freude strahlend die Urkunde in Empfang.
Er war sehr stolz sie bald allen Freunden zeigen zu können.
Fips jetzt wieder ganz entspannt freute sich am meisten darauf seinen Hundekuchen in Ruhe und alleine auffressen zu können.
Erleichtert und gesättigt so kamen beide schließlich zu Hause an.

2

Schreibe diejenigen Wörter heraus, die eine Infinitivgruppe einleiten, auf eine solche hinweisen oder die eine Infinitivgruppe als Attribut besitzen.

6.2 Semikolon und Doppelpunkt

Semikolon

Das Semikolon (Strichpunkt) trennt zwei Sätze voneinander, trennt dabei stärker als ein Komma, aber schwächer als ein Punkt. Nach einem Semikolon schreibst du daher klein weiter.

Schwache Trennung durch Kommas
Sabine hörte Musik, Eva und Lisette spielten Schach, und Sarah las in einem Buch

Mittlere Trennung durch ein Semikolon
Sabine hörte Musik; heute genoss sie nämlich einen Nachmittag ohne Hausaufgaben und ohne Sportverein.

Starke Trennung durch einen Punkt
Sabine hörte Musik. Irgendwo in der Ferne donnerte ein Zug vorbei.

Wenn zwei durch Semikolon getrennte Sätze bestimmte gemeinsame Satzglieder besitzen, können diese im 2. Satz weggelassen werden.

Sabine hörte jeden Abend Musik; doch nie (hörte sie Musik) ohne Kopfhörer.

Doppelpunkt

Ein Doppelpunkt kündigt an, dass auf einen Satz noch eine wörtliche Rede, eine Zusammenfassung, eine Schlussfolgerung o. ä. folgt. Nach dem Doppelpunkt schreibst du groß, wenn eine wörtliche Rede oder ein selbstständiger Satz folgt.

Jonas schrie: „Pass doch auf!" (Wörtliche Rede)

Jonas schrie, Yelda kreischte, die Klasse grölte, und Tische krachten aneinander: Es war mal wieder ein Höllenlärm in der 7c. (Zusammenfassung)

Jonas schrie wie am Spieß: Da musste irgendetwas passiert sein. (Schlussfolgerung)

1

Welche dieser Satzpaare sollten durch ein Komma, welche durch ein Semikolon und welche durch einen Punkt oder Doppelpunkt getrennt werden? Formuliere die Sätze in deinem Trainingsheft neu und achte auch auf die Rechtschreibung.

a) Drei Freunde beschließen, eine Weltreise zu machen ▯
Sie kaufen sich deshalb einen Kompass.

Drei Freunde beschließen, eine Weltreise zu machen;
sie kaufen sich deshalb einen Kompass.

b) Drei Freunde beschließen, eine Weltreise zu machen ▯
Alle anderen Mitschüler planen nur einen Urlaub an der Nordsee.

c) Drei Freunde beschließen, eine Weltreise zu machen ▯
Von der Schule wollen sie nämlich nichts mehr hören und sehen.

d) Drei Freunde beschließen, eine Weltreise zu machen, packen viele Koffer, kaufen Karten, Moskitonetze und Sonnencreme ▯
Kurz gesagt, sie bereiten ihre Reise gründlich vor.

e) Drei Freunde beschließen, eine Weltreise zu machen ▯
Der Wetterbericht kündigt ein Dauerhoch über ganz Europa an.

f) Drei Freunde räumen ihre Kleiderschränke leer ▯
Sie wollen offenbar eine Weltreise machen.

g) Drei Freunde beschließen, eine Weltreise zu machen ▯
Sie haben auch schon viele Bücher von berühmten Weltreisenden wie Thor Heyerdahl oder Marco Polo gelesen.

2

Bilde mit Hilfe der Stichworte Sätze, die durch einen Doppelpunkt getrennt werden? Ergänze fehlende Wörter und bilde die richtigen Formen.

a) Drei Freunde – stecken Köpfe zusammen – entwerfen große Pläne

Drei Freunde stecken die Köpfe zusammen: Sie entwerfen anscheinend große Pläne.

b) Oliver – Afrika, Ansgar – Australien, Melanie – Südamerika, alle ganz weit weg

c) Melanie zu Oliver – Warum unbedingt nach Afrika?

d) Oliver – gut in Französisch, Ansgar – gut in Englisch, Melanie – gut in Spanisch, drei sprachbegabte Freunde

e) Drei Freunde – Weltreise – also endlich mal was erleben

1. **Infinitivgruppen** müssen nur dann durch ein Komma vom übrigen Satz getrennt werden, wenn sie
   - mit den Wörtern *als, (an)statt, um, außer, ohne* eingeleitet werden, ☐
   - sie Attribut zu einem Nomen oder Adjektiv sind, ☐
   - ein Wort auf sie hinweist. ☐

2. **Partizipgruppen** werden durch ein Komma vom übrigen Satz getrennt, wenn
   - ein Wort auf sie hinweist oder ☐
   - sie ein nachgestellter Zusatz sind. ☐

3. Infinitiv- und Partizipgruppen sollten auch dann durch ein Komma vom übrigen Satz getrennt werden, wenn dadurch der Satz besser verständlich wird. ☐

4. **Mehrteilige Datums- oder Adressangaben** werden durch ein Komma gegliedert. Ein Komma nach der letzten Angabe ist möglich, aber nicht notwendig. ☐

5. Das **Semikolon** trennt zwei Sätze stärker als ein Komma, aber schwächer als ein Punkt voneinander. Nach einem Semikolon wird kleingeschrieben. ☐

6. Ein **Doppelpunkt** kündigt an, dass auf einen Satz eine wörtliche Rede, eine Zusammenfassung, eine Schlussfolgerung o. ä. folgt. Nach einem Doppelpunkt schreibst du das erste Wort einer wörtlichen Rede und eines selbstständigen Satzes groß. ☐

1

Formuliere mit Hilfe der Stichworte Sätze, in denen es eine Infinitiv- oder eine Partizipgruppe, eine Datums- oder Adressangabe, ein Semikolon oder einen Doppelpunkt gibt. Begründe deine Zeichensetzung im Trainingsheft und gib dir für jede richtige Lösung einen Punkt.

a) Drei Freunde unbedingt die Welt sehen wollen – vom braven Schülerleben die Nase voll haben

Drei Freunde wollen unbedingt die Welt sehen; sie haben nämlich vom braven Schülerleben die Nase voll. – Mittlere Trennung

b) Drei Freunde – Weltkarte studieren – bald eine Weltreise machen

c) Drei Freunde – Weltreise planen – nicht an ihr Alter denken

d) Drei Freunde – über Karten brüten – das Essen vergessen

e) Begeisterung – die weite Welt sehen – nachts kaum noch schlafen können

f) Montag – 1. April – 2007 – genau um 12.00 Uhr – Oliver – von Lottogewinn erfahren

g) Ansgar am Telefon von Oliver nur Wörtersalat hören – Schlimmes oder Tolles passiert sein müssen

h) Oliver kaum sprechen können – überrascht sein

i) Oliver Freudensprünge – Ansgar Freudenschreie – Melanie auf dem Tisch tanzen – drei Freunde völlig aus dem Häuschen

Punkte: max. 9

j) Alle Drei immer wieder im Chor – eine Weltreise machen

Gesamtpunkte: max. 9

Du kannst in diesem Test insgesamt 9 Punkte erreichen.

8–9 Punkte
Sehr gut! Die Zeichensetzung fällt dir nicht mehr schwer.

5–7 Punkte
Schon ganz gut, aber sicher kannst du dich noch verbessern.

0–4 Punkte
Am besten wiederholst du die Zeichensetzung noch einmal.

Texte schreiben und lesen

Hier trainierst du

- das Schreiben von Inhaltsangaben, Berichten und Reportagen
- das Untersuchen von Kurzgeschichten, Balladen, Nachrichten, Berichten und Reportagen

7 Texte schreiben

7.1 Inhaltsangabe

Eine Inhaltsangabe informiert über den Inhalt eines literarischen Textes eines Films, eines Theaterstücks, einer Bildfolge, eines Gespräches oder fasst den Inhalt eines Sachtextes zusammen.

Der Aufbau einer Inhaltsangabe

Einleitung
In der Einleitung nennst du Textart, Titel, Autor/in und Thema sowie (falls bekannt) Entstehungsjahr und -ort.

Hauptteil
Im Hauptteil nennst du möglichst kurz die wesentlichen Informationen des Textes. Dabei beantwortest du, soweit möglich, die folgenden W-Fragen:

- **Welche** Personen (**Wer**?) kommen vor?
- **Welche Beziehung** haben sie zueinander?
- **Was** geschieht?
- **Wo** und **wann** geschieht etwas?
- **Wie** und **warum** geschieht etwas?
- Mit **welchen** Folgen?
- Aus **welcher Perspektive** (Sicht) ist der Text geschrieben?

Schluss
Ein Schluss ist nicht unbedingt nötig, du kannst aber deine Inhaltsangabe mit einem kurzen Fazit beenden.

Das Schreiben einer Inhaltsangabe

- Gliedere den Text in Erzähl- bzw. Sinnabschnitte.
- Formuliere für jeden Abschnitt eine Überschrift (kurze Sätze).
- Formuliere einen Einleitungssatz.
- Fasse das Wesentliche der einzelnen Abschnitte stichwortartig zusammen. Orientiere dich dabei an den W-Fragen.
- Formuliere mit Hilfe deiner Stichworte und in eigenen Worten einen zusammenhängenden Text. Dabei kannst du von der Erzählreihenfolge der Textvorlage abweichen, Vorausdeutungen und Rückblenden chronologisch auflösen oder das Ende einer Handlung am Anfang deiner Inhaltsangabe vorwegnehmen.

Die **Sprache** der Inhaltsangabe ist **knapp** und **sachlich**, d.h. sie enthält keine ausschmückenden Formulierungen oder persönlichen Wertungen und erzeugt keine Spannung.

Falsch: Plötzlich sprang der Löwe mit einem gewaltigen Sprung auf den kreideweißen Zoowärter zu. Dieser konnte in letzter Sekunde aus dem Käfigeingang hechten und die Tür dabei geistesgegenwärtig hinter sich zuschlagen.

Richtig: Der Zoowärter kann sich nur knapp vor dem Löwen in Sicherheit bringen.

Die **Zeitform** der Inhaltsangabe ist das **Präsens** bzw. für Geschehnisse, die vor der eigentlichen Handlung liegen, das Perfekt.
Wichtige wörtliche Äußerungen werden nur knapp umschrieben oder in Form der **indirekten Rede** (Konjunktiv I) wiedergegeben.

1

Lies die Ballade „Der Zauberlehrling" von Johann Wolfgang von Goethe.

Der Zauberlehrling

Hat der alte Hexenmeister
Sich doch einmal wegbegeben!
Und nun sollen seine Geister
Auch nach meinem Willen leben.
Seine Wort' und Werke
Merkt ich und den Brauch,
Und mit Geistesstärke
Tu ich Wunder auch.

Walle! walle
Manche Strecke,
Daß, zum Zwecke,
Wasser fließe
Und mit reichem, vollem Schwalle
Zu dem Bade sich ergieße.

Und nun komm, du alter Besen!
Nimm die schlechten Lumpenhüllen;
Bist schon lange Knecht gewesen;
Nun erfülle meinen Willen!
Auf zwei Beinen stehe,
Oben sei ein Kopf,
Eile nun und gehe
Mit dem Wassertopf!

Walle! walle
Manche Strecke,
Daß, zum Zwecke,
Wasser fließe
Und mit reichem, vollem Schwalle
Zu dem Bade sich ergieße.

Seht, er läuft zum Ufer nieder;
Wahrlich! ist schon an dem Flusse,
Und mit Blitzesschnelle wieder
Ist er hier mit raschem Gusse.
Schon zum zweiten Male!
Wie das Becken schwillt!
Wie sich jede Schale
Voll mit Wasser füllt!

Stehe! stehe!
Denn wir haben
Deiner Gaben
Vollgemessen! –
Ach, ich merk es! Wehe! wehe!
Hab ich doch das Wort vergessen!

Ach, das Wort, worauf am Ende
Er das wird, was er gewesen.
Ach, er läuft und bringt behende!
Wärst du doch der alte Besen!
Immer neue Güsse
Bringt er schnell herein,
Ach! und hundert Flüsse
Stürzen auf mich ein.

Nein, nicht länger
Kann ich's lassen;
Will ihn fassen.
Das ist Tücke!
Ach! nun wird mir immer bänger!
Welche Miene! welche Blicke!

O du Ausgeburt der Hölle!
Soll das ganze Haus ersaufen?
Seh ich über jede Schwelle
Doch schon Wasserströme laufen.
Ein verruchter Besen,
Der nicht hören will!
Stock, der du gewesen,
Steh doch wieder still!

Willst's am Ende
Gar nicht lassen?
Will dich fassen,
Will dich halten
Und das alte Holz behende
Mit dem scharfen Beile spalten.

Seht, da kommt er schleppend wieder!
Wie ich mich nur auf dich werfe,
Gleich, o Kobold, liegst du nieder;
Krachend trifft die glatte Schärfe.
Wahrlich! brav getroffen!
Seht, er ist entzwei!
Und nun kann ich hoffen,
Und ich atme frei!

Wehe! wehe!
Beide Teile
Stehn in Eile
Schon als Knechte
Völlig fertig in die Höhe!
Helft mir, ach! ihr hohen Mächte!

Und sie laufen! Naß und nässer
Wird's im Saal und auf den Stufen.
Welch entsetzliches Gewässer!
Herr und Meister! hör mich rufen! –
Ach, da kommt der Meister!
Herr, die Not ist groß!
Die ich rief, die Geister,
Werd ich nun nicht los.

»In die Ecke,
Besen! Besen!
Seid's gewesen.
Denn als Geister
Ruft euch nur, zu seinem Zwecke,
Erst hervor der alte Meister.«

Johann Wolfgang von Goethe (1749–1832)

2

Gliedere die Ballade in Sinnabschnitte und gib den Abschnitten Überschriften.

1. Sinnabschnitt: Ein Zauberlehrling will Meister sein. (Vers 1–8)

2. Sinnabschnitt: ______________________

3. Sinnabschnitt: ______________________

4. Sinnabschnitt: ______________________

5. Sinnabschnitt: ______________________

6. Sinnabschnitt: ______________________

7. Sinnabschnitt: ______________________

3

Schreibe die Einleitung einer Inhaltsangabe zur Ballade „Der Zauberlehrling" und trage die Lösung ins Trainingsheft ein.

Einleitung
Die Ballade „Der Zauberlehrling" von Johann Wolfgang von Goethe (1749–1832) handelt von ...

4

Beantworte kurz die folgenden W-Fragen. Schreibe die Antworten in dein Trainingsheft.

a) Welche Personen (Wer?) kommen vor?
b) Welche Beziehung haben sie zueinander?
c) Was geschieht?
d) Wo und wann geschieht es?
e) Wie geschieht es?

5

Welche der folgenden Sätze eignen sich für eine Inhaltsangabe dieser Ballade, welche nicht? Begründe deine Entscheidung.

a) Goethe hat mit seiner Ballade „Der Zauberlehrling" eine spannende Geschichte erzählt, die den Leser oder Zuhörer regelrecht packt.
b) Ein Zauberlehrling beabsichtigt, während der Abwesenheit seines Meisters selbst zu zaubern.
c) Es geht in dieser Ballade um einen Zauberlehrling, der einen Besen verzauberte, den erst sein Meister wieder unter Kontrolle bekam.
d) Er beginnt seine Zauberei mit dem Zauberspruch:
„Walle! walle
Manche Strecke,
Dass, zum Zwecke,
Wasser fließe (...)."
e) Der zu einem Wasserträger verzauberte Besen schleppt immer weiter Wasser herbei.
f) Als dem Zauberlehrling das Zauberwort nicht mehr einfällt, mit dem er den Besen stoppen kann, wird es spannend.
g) Wird der Zauberlehrling den Besen mit dem Beil zum Halten bringen?
h) Erst der Zaubermeister konnte die Wasserträger wieder zu einem Besen zurückverwandeln.
i) Der Zauberlehrling ruft verzweifelt: „Herr, die Not ist groß!"
j) Der Zauberlehrling ruft dem Meister zu, er sei in einer verzweifelten Situation.
k) Der Zaubermeister kommt plötzlich zurück, und der verzweifelte Lehrling bittet ihn inständig, die Geister wieder unter Kontrolle zu bringen.
l) Der zurückgekehrte Zaubermeister schafft es, aus den Wasserträgern wieder einen Besen zu machen.
m) Der große Zaubermeister betont mit gewaltiger Stimme, dass nur er der Herr der Geister ist.

6

Schreibe nun mit Hilfe deiner Notizen den Hauptteil der Inhaltsangabe.

Hauptteil
Ein Zauberlehrling möchte gerne während der Abwesenheit seines Meisters ...

7.2 Kreative Arbeit mit literarischen Texten

Literarische Texte können als Vorlage für deine eigenen Texte dienen. Dabei kannst du sie auf unterschiedliche Weise verändern:

Die Fortsetzung einer schon begonnenen Geschichte

Hier musst du sehr genau auf die Ausgangssituation achten, d.h. die beteiligten Personen (Figuren), ihren Charakter und ihre Situation in den Mittelpunkt deiner Fortsetzung stellen.

Die Veränderung der Erzählperspektive

Du kannst eine vorgegebene Geschichte neu erzählen oder abwandeln, indem du die Erzählperspektive, d.h. die Sicht, aus der ein literarischer Text geschrieben ist, änderst. Du hast dabei die Wahl zwischen folgenden drei Perspektiven:

1. Die **Ich-Perspektive**: Die Geschichte wird aus der Sicht eines erzählenden Ichs wiedergegeben, das selbst am Geschehen beteiligt ist.
2. Die **Perspektive eines allwissenden (auktorialen) Erzählers**: Der Erzähler schaut in die Personen hinein, oft kommentiert er ihre Gefühle und Gedanken auch. Er kann die Vorgeschichte der erzählten Handlung nachtragen oder ein zukünftiges Geschehen vorwegnehmen.
3. Die **Perspektive eines personalen Erzählers**: Das Geschehen wird nicht aus der Sicht eines Ich-Erzählers, sondern aus dem Blickwinkel einer beteiligten Person (Er- oder Sie-Form) wiedergegeben.

Wechselst du die Perspektive, können sich die Beschreibung von Personen, Gegenständen und Ereignissen, die Beschreibung von Gefühlen und Gedanken (des Erzählers, der handelnden Personen) oder die Hinweise auf Orte und Zeiten der Handlung verändern.

Die Veränderung oder Hinzufügung von Figuren

Dabei kannst du schon vorhandenen Figuren der Handlung andere Eigenschaften geben oder eine Person auftreten lassen, die es in der Originalgeschichte gar nicht gibt. Die veränderte oder hinzugefügte Figur muss allerdings in die vorgegebene Handlung passen und zu den anderen Figuren in enge Beziehung treten.

Die Veränderung von Handlungsverlauf oder Schluss
Die Charaktere der Figuren und der Rest der Geschichte müssen zu diesen Veränderungen passen. Wenn du den Schluss veränderst, musst du genau überlegen, ab welchem Punkt diese Veränderung beginnen soll.

Das Verfassen eines Paralleltextes, d. h. eines Textes derselben Art mit ähnlichem Inhalt
Du kannst dazu die Sprache verändern, z. B. eine altertümliche Sprache in moderne Sprache übertragen, oder den Inhalt umwandeln, etwa ein Geschehen mit Erwachsenen in ein Geschehen mit Kindern als Hauptpersonen umschreiben.

Die Veränderung der Textform, z. B. die Umgestaltung einer Geschichte in einen Zeitungstext oder in ein Theaterstück
Dabei musst du darauf achten, dass die Handlung und die Figuren nicht verändert werden. Die sprachlichen Merkmale der neuen Textform musst du konsequent beachten.

1

Welche der Fortsetzungen passt zu der Kalendergeschichte von Johann Peter Hebel? Begründe deine Auswahl.

Seltsamer Spazierritt

Ein Mann reitet auf seinem Esel nach Haus und läßt seinen Buben zu Fuß nebenher laufen. Kommt ein Wanderer und sagt: „Das ist nicht recht, Vater, daß Ihr reitet und laßt Euern Sohn laufen; Ihr habt stärkere Glieder.“ Da stieg der Vater vom Esel herab und ließ den Sohn reiten. Kommt wieder ein Wandersmann und sagt: „Das ist nicht recht, Bursche, daß du reitest und lässest deinen Vater zu Fuß gehen. Du hast jüngere Beine.“ Da saßen beide auf und ritten eine Strecke. Kommt ein dritter Wandersmann und sagt: „Was ist das für ein Unverstand: Zwei Kerle auf einem schwachen Tier? Sollte man nicht einen Stock nehmen und euch beide hinabjagen?“ Da stiegen beide ab und gingen selbdritt zu Fuß, rechts und links der Vater und Sohn, und in der Mitte der Esel. Kommt ein vierter Wandersmann und sagt:

Johann Peter Hebel (1760–1826)

Fortsetzungen:

a) „Ihr habt aber einen stattlichen Esel. Kompliment. Und ihr beiden seid offenbar auch von bester Gesundheit. Dann könnte ich mich vielleicht ein wenig von eurem Esel tragen lassen. Denn meine Füße schmerzen und meine Beine wollen nicht mehr weiter. Würdet ihr mir dies gestatten?" Da ließen die beiden den armen Wanderer aufsitzen und waren's endlich froh und zufrieden.

b) „Ihr seid drei kuriose Gesellen. Ist's nicht genug, wenn zwei zu Fuß gehen? Geht's nicht leichter, wenn einer von euch reitet?" Da band der Vater dem Esel die vordern Beine zusammen, und der Sohn band ihm die hintern Beine zusammen, zogen einen starken Baumpfahl durch, der an der Straße stand, und trugen den Esel auf der Achsel heim.

c) „Grüß Gott, ihr beiden Wandergenossen. Könnt ihr mir vielleicht sagen, wie weit es bis zum nächsten Gasthof ist? Ich habe nämlich Hunger und Durst und bin seit Sonnenaufgang auf den Beinen." Da fiel auch Vater und Sohn auf, daß sie eigentlich schon lange genug gewandert waren. Sie dankten also dem müden Wanderer für seine Frage, boten ihm an, auf dem Esel Platz zu nehmen, bogen an der nächsten Wegkreuzung ab und gelangten so vor Einbruch der Nacht müde und zufrieden zum nächsten Gasthof.

2

Entscheide nun, welche Moral, welcher tiefere Sinn, zu dieser Geschichte passt.

a) So weit kann's kommen, wenn man sich einen Esel als Begleiter wählt.
b) So weit kann's kommen, wenn drei Esel gemeinsam wandern.
c) So weit kann's kommen, wenn man es allen Leuten will recht machen.

3

Schreibe eine moderne Parallelgeschichte, die dieselbe Moral besitzt. Verwende das Präteritum. Trage deinen Text ins Trainingsheft ein.

Vater und Sohn setzten sich in das neue Familienauto, um eine Probefahrt durch die Stadt zu unternehmen. ...

4

Schreibe den Text von J. P. Hebel nun aus der Sicht des Sohnes neu, der mit den Entscheidungen seines Vaters nicht einverstanden ist. Verwende die Ich-Form.

Ich war vor einiger Zeit einmal mit meinem Vater auf dem Rückweg von der Stadt nach Hause. ...

7.3 Bericht und Reportage

Im Mittelpunkt jedes Berichts stehen ein oder mehrere besondere Ereignisse, die wirklich stattgefunden haben.

Der sachliche Bericht

Der sachliche Bericht (Tatsachenbericht, Handlungs- und Zeitungsbericht) informiert möglichst knapp und genau, logisch, nüchtern und objektiv über einen Sachverhalt oder ein Geschehen (z. B. über eine Schulkonferenz, den Besuch eines Zeitungsverlags usw.).

Der Bericht über ein Geschehen wird im Präteritum geschrieben, über die Vorgeschichte und die Gründe wird im Plusquamperfekt und über die Folgen in der Regel im Präsens berichtet.

In der **Einleitung** eines sachlichen Berichts beantwortest du erste wichtige W-Fragen. (Wer? Wo? Wann? Was?)

Im **Hauptteil** handelst du den chronologischen Ablauf des Geschehens oder Sachverhalts ab. (Wie genau ist es passiert? Warum?)

Im **Schlussteil** gehst du auf den Ausgang / das Ergebnis und gegebenenfalls auf die Folgen ein. (Welche Folgen hat das Geschehen?)

Die Reportage

Die Reportage ist dagegen ein persönlich gehaltener Bericht. Mit der Reportage möchtest du deinen Leser (Zeitung, Schülerzeitung) über ein besonderes Ereignis nicht nur informieren, du möchtest auch sein Interesse wecken, ihn neugierig machen und das Geschehene miterleben lassen (z. B. eine spannende Sportveranstaltung, ein Reiseabenteuer).
Wie im sachlichen Bericht beantwortest du in einer Reportage die wichtigen W-Fragen, du darfst darüber hinaus aber auch deine eigenen Meinungen und Einschätzungen äußern und das Geschehen aus deiner Perspektive kommentieren.

Wenn du in einer Reportage über ein zurückliegendes Ereignis besonders spannend und anschaulich berichten möchtest, kannst du das Präsens verwenden.

Mit der **Einleitung** führst du den Leser möglichst interessant in die Situation ein und machst ihn gespannt auf das Geschehen.

Im **Hauptteil** berichtest du über das Geschehen (z. B. einen Theater- oder Kinobesuch, eine Reise).

- Dabei kannst du ausführlicher als im sachlichen Bericht auf Hintergrundinformationen eingehen (Warum? Was?)
- Durch eine dramatische Darstellung (Andeutungen oder späte Beantwortung wichtiger W-Fragen) erzeugst du Spannung beim Leser und lässt ihn am Geschehen teilnehmen.
- Deine Sprache ist anschaulich, evtl. dramatisch und wertend (farbige Adjektive und Verben, sprachliche Bilder, häufige Verwendung des Präsens). Du solltest auch Aussagen und Zitate von Betroffenen in deine Reportage aufnehmen.
- Schildere deine Sinneseindrücke und die Stimmungen, die du wahrgenommen hast.
- Teile dem Leser deine Empfindungen, deine Meinung und Einschätzung mit (persönliche Perspektive).

Am **Schluss** können ein interessantes Zitat oder eine Einzelbeobachtung stehen, die den Leser zum Nachdenken über den weiteren Fortgang des Geschehens, über seine Haltung dazu und über Antworten auf noch offene Fragen anregen.

1

Welche der folgenden Themen eignen sich für einen Bericht oder eine Reportage? Begründe deine Auswahl.

a) Ein ungewöhnliches Ferienerlebnis

b) Marokko – ein unbekanntes Urlaubsland

c) Zu Fuß durch die Sahara

d) Die Pflanzenwelt der Sahara

e) Die Kultur der Tuaregs

f) Gerettet von Tuaregs

g) 48 Stunden im Sandsturm

h) Auswirkung von Sandstürmen auf das Weltklima

2

Sieh dir dieses Blatt mit Notizen und Stichworten an. Sie gehören zu einer Reportage mit dem Titel „Eine Hochwassernacht auf dem Campingplatz“. Ordne die Stichworte in deinem Trainingsheft nach folgenden Gesichtspunkten:

a) Informationen zu den W-Fragen
– Start in Clermont- Ferrand in den Cevennen (Wo?)
...

b) Hintergrundinformationen / Vorgeschichte
– zunehmende Hitze
...

c) Andeutungen einer spannenden Fortsetzung
– rapide sinkendes Barometer
...

Grummeln in der Ferne

~~rapide sinkendes Barometer~~

schwarze Wolken türmen sich

feuchte Hitze klebt am Körper

Gebirgsbach wird zu brauner Sturzflut

~~zunehmende Hitze~~

~~Start in Clermont-Ferrand in den Cevennen~~

heute: unerträgliche Schwüle

Sandböen prasseln gegen das Zeltdach

fauliger Geruch in der Luft

sorgenvoller Blick auf kleinen Bach
neben dem Campingplatz

Rauschen des Regens geht in Tosen über

Meldung im Radio:
heftige Regenfälle, Sturm

erste Sturmböen reißen
an den Zeltschnüren

3 Freunde (Ich-Erzähler, Jonas, Benni) mit Bennis Vater
mit Fahrrad und Zelt in Südfrankreich

4. August 2006, 8. Reisetag

alle schauen entgeistert auf Naturgewalt

zum Weiterfahren zu heiß

Campingplatz besondere geografische
Lage in Gebirgskessel – bekannt für
heftige Unwetter

Luft in Zelt muffig und schwül

wir hechten den Berg hinauf

3

Schreibe nun mit Hilfe die geordneten Stichworte Einleitung und Hauptteil der Reportage in dein Trainingsheft. Schreibe in der Ich-Form. Wie mag die Geschichte ausgehen? Erfinde einen Schluss für deine Reportage.

Eine Hochwassernacht auf dem Campingplatz

Einleitung
In den letzten Sommerferien haben wir – Jonas, Benni, Bennis Vater und ich – eine ganz schön aufregende Fahrradtour durch die Cevennen gemacht. ...

1. Eine **Inhaltsangabe** fasst den Inhalt eines Textes knapp und sachlich zusammen. ☐
2. Sie nennt den Autor, die Textart sowie den Titel des Textes und beantwortet knapp die W-Fragen. ☐
3. Eine Inhaltsangabe wird im Präsens bzw. für davor liegende Ereignisse im Perfekt geschrieben. ☐
4. Eine Inhaltsangabe enthält keine wörtliche, sondern nur die indirekte Rede (Konjunktiv I) oder eine sonstige Umschreibung von Äußerungen oder Gedanken. ☐
5. **Literarische Texte** können auf verschiedene Weisen **kreativ bearbeitet** werden:
   a) Durch eine Fortsetzung, die sich an der gegebenen Situation, den Personen und deren Charakter orientiert. ☐
   b) Durch eine Veränderung der Perspektive, aus der ein literarischer Text geschrieben ist. ☐
   c) Durch die Veränderung oder Hinzufügung von Figuren. ☐
   d) Durch die Veränderung des Handlungsverlaufs oder des Schlusses. ☐
   e) Durch das Verfassen eines sprachlich oder inhaltlich ähnlichen Paralleltextes. ☐
   f) Durch die Veränderung der Textform. ☐
6. Eine **Reportage** beantwortet wie auch der sachliche **Bericht** die W-Fragen. ☐
7. Sie unterscheidet sich vom sachlichen Bericht in folgenden Punkten:
   a) Die Was- und die Warum-Frage können ausführlicher beantwortet werden. ☐
   b) Es darf Spannung erzeugt werden. ☐
   c) Die Sprache ist anschaulich (Sinneseindrücke), evtl. dramatisch und wertend. ☐
   d) Wenn ein Ereignis besonders spannend und anschaulich beschrieben werden soll, kann das Präsens verwendet werden. ☐
   e) Die Perspektive ist persönlich, d. h. Stimmungen, Sinneseindrücke oder Gedanken und Meinungen des Autors werden mitgeteilt. ☐

1

Lies die Geschichte „Sonderbarer Rechtsfall in England“ von Heinrich von Kleist. Schreibe anschließend in deinem Trainingsheft eine Inhaltsangabe zu dieser Geschichte. Gliedere deine Inhaltsangabe in Einleitung, Hauptteil und Schluss.

Sonderbarer Rechtsfall in England

Man weiß, daß in England jeder Beklagte zwölf Geschworne von seinem Stande zu Richtern hat, deren Ausspruch einstimmig sein muß, und die, damit die Entscheidung sich nicht zu sehr in die Länge verziehe, ohne Essen und Trinken so lange eingeschlossen bleiben, bis sie eines Sinnes sind. Zwei Gentlemen, die einige Meilen von London lebten, hatten in Gegenwart von Zeugen einen sehr lebhaften Streit miteinander; der eine drohte dem andern, und setzte hinzu, daß ehe vierundzwanzig Stunden vergingen, ihn sein Betragen reuen solle. Gegen Abend wurde dieser Edelmann erschossen gefunden; der Verdacht fiel natürlich auf den, der die Drohungen gegen ihn ausgestoßen hatte. Man brachte ihn zu gefänglicher Haft, das Gericht wurde gehalten, es fanden sich noch mehrere Beweise, und 11 Beisitzer verdammten ihn zum Tode; allein der zwölfte bestand hartnäckig darauf, nicht einzuwilligen, weil er ihn für unschuldig hielte.
Seine Kollegen baten ihn, Gründe anzuführen, warum er dies glaubte; allein er ließ sich nicht darauf ein, und beharrte bei seiner Meinung. Es war schon spät in der Nacht, und der Hunger plagte die Richter heftig; einer stand endlich auf, und meinte, daß es besser sei, einen Schuldigen loszusprechen, als 11 Unschuldige verhungern zu lassen; man fertigte also die Begnadigung aus, führte aber auch zugleich die Umstände an, die das Gericht dazu gezwungen hätten. Das ganze Publikum war wider den einzigen Starrkopf; die Sache kam sogar vor den König, der ihn zu sprechen verlangte; der Edelmann erschien, und nachdem er sich vom Könige das Wort geben lassen, daß seine Aufrichtigkeit nicht von nachteiligen Folgen für ihn sein sollte, so erzählte er dem Monarchen, daß, als er im Dunkeln von der Jagd gekommen, und sein Gewehr losgeschossen, es unglücklicherweise diesen Edelmann, der hinter einem Busche gestanden, getötet habe. Da ich, fuhr er fort, weder Zeugen meiner Tat, noch meiner Unschuld hatte, so beschloß ich, Stillschweigen zu beobachten; aber als ich hörte, daß man einen Unschuldigen anklagte, so wandte ich alles an, um einer von den Geschwornen zu werden; fest entschlossen, eher zu verhungern, als den Beklagten umkommen zu lassen. Der König hielt sein Wort, und der Edelmann bekam seine Begnadigung.

Heinrich von Kleist (1777–1811)

Einleitung
In der Geschichte „Sonderbarer Rechtsfall in England" von Heinrich von Kleist (1777–1811) geht es um einen Prozess, ...

2
Verwandle diese Geschichte von Max und Moritz in ein kleines Theaterstück, in dem es nur wörtliche Rede gibt.

Letzter Streich

Max und Moritz, wehe euch!
jetzt kommt euer letzter Streich!

Wozu müssen auch die beiden
Löcher in die Säcke schneiden??
Seht, da trägt der Bauer Mecke
Einen seiner Maltersäcke.

Aber kaum daß er von hinnen,
Fängt das Korn schon an zu rinnen.
Und verwundert steht und spricht er:
„Zapperment! Dat Ding werd lichter!" (= leichter)

Hei! Da sieht er voller Freude
Max und Moritz im Getreide.
Rabs!! – in seinen großen Sack
Schaufelt er das Lumpenpack.

Max und Moritz wird es schwüle,
Denn nun geht es nach der Mühle.
„Meister Müller, he, heran!
Mahl er das, so schnell er kann!"

„Her damit!" Und in den Trichter
Schüttet er die Bösewichter.
Rickeracke! Rickeracke!
Geht die Mühle mit Geknacke.

Hier kann man sie noch erblicken,
Fein geschroten und in Stücken.
Doch sogleich verzehret sie
Meister Müllers Federvieh.

Wilhelm Busch (1832–1908)

Max (zu Moritz gewandt): Weißt du was. Ich hab' da eine super Idee. Was hältst du davon, wenn wir mal dem ollen Müller eine kleine Überraschung verpassen. ...

3

Schreibe die folgende Reportage aus der Sicht des Kapitäns um und drücke dabei seine Sorge aus, das Schiff heil ans Ziel zu bringen.

Mit der Hanseatic über den Gambia River in Afrika

Heute musste der Kapitän früh raus. Sein Schiff fährt in stockdunkler afrikanischer Nacht einen fremden Fluss hinauf, da ist an Ausschlafen nicht zu denken. Da sitzt Kapitän Ulf Wolter lieber um sechs Uhr auf der Brücke, einen Becher Kaffee in Reichweite, und kümmert sich persönlich um den Kurs und alles, was so anliegt. Vor ihm leuchtet ein großer Monitor, ganz in blau. Das ist das Wasser des Gambia River. Am Rand des Bildschirm erscheinen gelbe Flecken. „Das sind die Küsten", erklärt der Kapitän der Hanseatic. Der Fluss sei zwar breit genug. „Aber wir haben nicht viel Wasser unterm Kiel. Und wir müssen sehen, wie zuverlässig der Lotse arbeitet."

Eine tropische Suppe

Mit elf Knoten gleitet die Hanseatic flussaufwärts. Gemächliches Tempo. Langsam dämmert der Morgen. Aus pechschwarzer Finsternis wird ein konturenloses Grau. Wo Fluss und Himmel aneinander stoßen, ist noch kein Horizont zu erkennen. Eine einzige tropische Suppe. Theoretisch weiß der Kapitän natürlich, wohin wir fahren. Obwohl er und sein Schiff den Gambia River zum ersten Mal in Angriff nehmen.

Planung ist alles

Wochenlang hat Ulf Wolter vor dieser Reise die unbekannte Fahrtroute recherchiert. Hat Seekarten besorgt, die lokalen Agenten der Reederei befragt, alles an Material gesammelt, das er bekommen konnte. „Dennoch müssen wir aufpassen", sagt er. „Seekarten können veraltet sein, auch ein Lotse kann sich mal vertun." Das Telefon klingelt, der Kapitän nimmt ab. „Wieso das denn?", fragt er in den Hörer. Es folgen routinierte Anweisungen. Ruhig, aber sehr bestimmt. Er dreht sich um, nimmt einen Schluck Kaffee und kehrt zurück vor den Monitor. „Da leckt irgendwo ein Wasserrohr. Darum kümmern sich jetzt die Techniker."

Mit Schlauchbooten zur Sklaveninsel
Zwei Stunden und gut 30 Seemeilen später lässt der Kapitän die Hanseatic beidrehen und Anker werfen. Wir haben unser erstes Ziel des Tages etwas eher als geplant erreicht: James Island. Eine Sklaveninsel auf dem Gambia River. Tatsächlich nur eine winzige Erhebung in der Wasserfläche des Flusses. Alle Manöver sind glattgegangen. In wenigen Minuten können die Passagiere die motorisierten Schlauchboote (Zodiacs) besteigen, die sie auf die Insel und zum gegenüberliegenden Dorf bringen werden. Kapitän Wolter entschuldigt sich. Er wird in eine Besprechung gerufen. Von Land kam die Nachricht, dass Besuchstermine verlegt werden müssen. Der Chef und drei seiner Mitarbeiter stecken die Köpfe zusammen, nach einer Viertelstunde ist das Problem behoben. Der Tag kann beginnen.

„Ich kenne nichts anderes“
Die Hälfte seiner Tage verbringt Kapitän Wolter auf See. Die anderen sechs Monate im Jahr hat er Urlaub, entwirft Reiserouten oder macht Werbung für seine Kreuzfahrt-Reederei Hapag-Lloyd. Ob das ein Traumjob ist? Ulf Wolter sagt: „Ich kenne nichts anderes.“ In seiner Familie fährt man seit vielen Generationen zur See. Er begleitete als Kind den Vater, absolvierte eine Ausbildung zum Matrosen, studierte Nautik, wurde Offizier. Auf ein Kreuzfahrtschiff geriet er durch Zufall, „als ich einen Job suchte. Es hat mich nicht mehr losgelassen.“ Hier findet er, was er sich von der Seefahrt erträumt hatte: „Die Welt sehen, Neues entdecken.“ Die Entdecker-Schiffe von Hapag-Lloyd kennen keinen strikten Fahrplan. „Wir müssen mit dem umgehen, was auf uns zukommt. Das macht es spannend.“ Ein Containerschiff zu steuern, kann er sich hingegen nicht mehr vorstellen: „Das ist wie Bus fahren.“

Mit der Hanseatic über den Gambia River in Afrika
Heute musste ich schon früh raus. Mein Schiff, die Hanseatic, fährt nämlich ...

8 Texte lesen

8.1 Wie untersuche ich eine Kurzgeschichte?

Kurzgeschichten gehören zur erzählenden Literatur. Im Unterschied zu Romanen oder Erzählungen sind sie allerdings besonders kurz, haben meist einen offenen Anfang (d.h. keine Einleitung oder Vorgeschichte) und einen offenen Schluss (Fortgang der Handlung unbekannt). Sie beschränken sich auf ein besonderes Ereignis und wenige Figuren. Zur Untersuchung einer Kurzgeschichte gehören folgende Teile:

Einleitung

In der Einleitung nennst du den Titel der Geschichte, den Namen des Autors, das Erscheinungsjahr (falls bekannt) und fasst knapp die Thematik der Geschichte zusammen.

Hauptteil

1. Gliedere die Geschichte in Erzählabschnitte und schreibe eine **Inhaltsangabe** im Präsens, in der du die zentralen Figuren und den Handlungsverlauf darstellst und die W-Fragen beantwortest (Wer? Wo? Was? Wann? Wie? Welche Folgen?)

2. Bestimme die **Erzählperspektive**. Es gibt drei wichtige Erzählperspektiven oder -situationen:

a) Der Erzähler erzählt aus seiner Sicht (Ich-Erzähler) und als eine am Geschehen beteilgte Person (Ich-Perspektive).

b) Der Erzähler tritt hinter seine Figuren zurück und erzählt das Geschehen aus der Sicht einer der beteiligten Personen (Er- oder Sie-Erzähler; personale Perspektive).

c) Der Erzähler ist allwissend, hat Abstand zum erzählten Geschehen und erzählt mit dem Wissen über die Vorgeschichte, den weiteren Handlungsverlauf und die Gedanken oder Gefühle der Personen, kommentiert sie oft auch (auktoriale Perspektive).
Viele Kurzgeschichten enthalten auch eine Mischung verschiedener Perspektiven.

3. Untersuche die **Erzähltechnik**.
   - Wie wird der zeitliche Ablauf dargestellt (chronologisch, in Rückschau oder in Zeitsprüngen)?
   - Steht die äußere oder die innere Handlung (Gedanken, Gefühle usw.) im Vordergrund?
   - Welchen Anfang und welchen Schluss (offen oder geschlossen) besitzt die Kurzgeschichte?

4. Welche **sprachlichen Mittel** fallen besonders auf und welche Wirkung haben sie auf den Leser (z. B. Spannung)? Sprachliche Mittel können sein:
   - Besondere Wortwahl
   - Wiederholung bestimmter Wörter (Leitmotive)
   - Auffälliger Satzbau (z. B. sehr kurze oder unvollständige Sätze) oder auffällige Gliederung in Absätze
   - Genaue Beschreibungen oder Fehlen von Beschreibungen von Personen oder Gegenständen

5. Fasse die **Hauptaussage** der Geschichte zusammen.

Schluss

Beende deine Untersuchung mit einer Bewertung und evtl. mit einer historischen Einordnung der Kurzgeschichte und ihrer Hauptaussage.

1

Lies die Kurzgeschichte „Nachts schlafen die Ratten doch" von Wolfgang Borchert, die auf den folgenden Seiten abgedruckt ist.

Diese Kurzgeschichte wurde etwa 1946 geschrieben, also kurz nach dem Ende des Zweiten Weltkriegs im Mai 1945. Deutschland hatte unter der nationalsozialistischen Regierung Hitlers diesen Krieg begonnen und ihn verloren. Die Folgen dieses Krieges waren die schlimmsten, die jemals ein Krieg in der Geschichte gehabt hatte: Viele Millionen Tote und die Zerstörung unzähliger Dörfer und Städte in ganz Europa. Viele Städte Deutschlands waren nur noch Trümmerlandschaften.

Nachts schlafen die Ratten doch

Das hohle Fenster in der vereinsamten Mauer gähnte blaurot voll früher Abendsonne. Staubgewölke flimmerte zwischen den steilgereckten Schornsteinresten. Die Schuttwüste döste.

Er hatte die Augen zu. Mit einmal wurde es noch dunkler. Er merkte, daß jemand gekommen war und nun vor ihm stand, dunkel, leise. Jetzt haben sie mich! dachte er. Aber als er ein bißchen blinzelte, sah er nur zwei etwas ärmlich behoste Beine. Die standen ziemlich krumm vor ihm, daß er zwischen ihnen hindurchsehen konnte. Er riskierte ein kleines Geblinzel an den Hosenbeinen hoch und erkannte einen älteren Mann. Der hatte ein Messer und einen Korb in der Hand. Und etwas Erde an den Fingerspitzen.

Du schläfst hier wohl, was? fragte der Mann und sah von oben auf das Haargestrüpp herunter. Jürgen blinzelte zwischen den Beinen des Mannes hindurch in die Sonne und sagte: Nein, ich schlafe nicht. Ich muß hier aufpassen. Der Mann nickte: So, dafür hast du wohl den großen Stock da?

Ja, antwortete Jürgen mutig und hielt den Stock fest.

Worauf paßt du denn auf?

Das kann ich nicht sagen. Er hielt die Hände fest um den Stock.

Wohl auf Geld, was? Der Mann setzte den Korb ab und wischte das Messer an seinen Hosenbeinen hin und her.

Nein, auf Geld überhaupt nicht, sagte Jürgen verächtlich. Auf ganz etwas anderes.

Na, was denn?

Ich kann es nicht sagen. Was anderes eben.

Na, denn nicht. Dann sage ich dir natürlich auch nicht, was ich hier im Korb habe. Der Mann stieß mit dem Fuß an den Korb und klappte das Messer zu.

Pah, kann mir denken, was in dem Korb ist, meinte Jürgen geringschätzig, Kaninchenfutter.

Donnerwetter, ja! sagte der Mann verwundert, bist ja ein fixer Kerl. Wie alt bist du denn?

Neun.

Oha, denk mal an, neun also. Dann weißt du ja auch, wieviel drei mal neun sind, wie?

Klar, sagte Jürgen, und um Zeit zu gewinnen, sagte er noch: Das ist ja ganz leicht. Und er sah durch die Beine des Mannes hindurch. Dreimal neun, nicht? fragte er noch einmal, siebenundzwanzig. Das wußte ich gleich.

Stimmt, sagte der Mann, und genau soviel Kaninchen habe ich. Jürgen machte einen runden Mund: Siebenundzwanzig?

Du kannst sie sehen. Viele sind noch ganz jung. Willst du?

Ich kann doch nicht. Ich muß doch aufpassen, sagte Jürgen unsicher.

Immerzu? fragte der Mann, nachts auch?
Nachts auch. Immerzu. Immer. Jürgen sah an den krummen Beinen hoch. Seit Sonnabend schon, flüsterte er.
Aber gehst du denn gar nicht nach Hause? Du mußt doch essen.
Jürgen hob einen Stein hoch. Da lag ein halbes Brot und eine Blechschachtel.
Du rauchst? fragte der Mann, hast du denn eine Pfeife?
Jürgen faßte seinen Stock fest an und sagte zaghaft: Ich drehe. Pfeife mag ich nicht.
Schade, der Mann bückte sich zu seinem Korb, die Kaninchen hättest du ruhig mal ansehen können. Vor allem die Jungen. Vielleicht hättest du dir eines ausgesucht. Aber du kannst hier ja nicht weg.
Nein, sagte Jürgen traurig, nein, nein.
Der Mann nahm den Korb hoch und richtete sich auf. Na ja, wenn du hierbleiben mußt – schade. Und er drehte sich um.
Wenn du mich nicht verrätst, sagte Jürgen da schnell, es ist wegen den Ratten.
Die krummen Beine kamen einen Schritt zurück: Wegen den Ratten?
Ja, die essen doch von Toten. Von Menschen. Da leben sie doch von.
Wer sagt das?
Unser Lehrer.
Und du paßt nun auf die Ratten auf? fragte der Mann.
Auf die doch nicht! Und dann sagte er ganz leise: Mein Bruder, der liegt nämlich da unten. Da. Jürgen zeigte mit dem Stock auf die zusammengesackten Mauern. Unser Haus kriegte eine Bombe. Mit einmal war das Licht weg im Keller. Und er auch. Wir haben noch gerufen. Er war viel kleiner als ich. Erst vier. Er muß hier ja noch sein. Er ist doch viel kleiner als ich.
Der Mann sah von oben auf das Haargestrüpp. Aber dann sagte er plötzlich: Ja, hat euer Lehrer euch denn nicht gesagt, daß die Ratten nachts schlafen?
Nein, flüsterte Jürgen und sah mit einmal ganz müde aus, das hat er nicht gesagt.
Na, sagte der Mann, das ist aber ein Lehrer, wenn er das nicht mal weiß. Nachts schlafen die Ratten doch. Nachts kannst du ruhig nach Hause gehen. Nachts schlafen sie immer. Wenn es dunkel wird, schon.
Jürgen machte mit seinem Stock kleine Kuhlen in den Schutt. Lauter kleine Betten sind das, dachte er, alles kleine Betten.
Da sagte der Mann (und seine krummen Beine waren ganz unruhig dabei): Weißt du was? Jetzt füttere ich schnell meine Kaninchen und wenn es dunkel wird, hole ich dich ab. Vielleicht kann ich eins mitbringen. Ein kleines oder, was meinst du?
Jürgen machte kleine Kuhlen in den Schutt. Lauter kleine Kaninchen. Weiße,

graue, weißgraue. Ich weiß nicht, sagte er leise und sah auf die krummen Beine, wenn sie wirklich nachts schlafen.

Der Mann stieg über die Mauerreste weg auf die Straße. Natürlich, sagte er von da, euer Lehrer soll einpacken, wenn er das nicht mal weiß.

Da stand Jürgen auf und fragte: Wenn ich eins kriegen kann? Ein weißes vielleicht?

Ich will mal versuchen, rief der Mann schon im Weggehen, aber du mußt hier solange warten. Ich gehe dann mit dir nach Hause, weißt du? Ich muß deinem Vater doch sagen, wie so ein Kaninchenstall gebaut wird. Denn das müßt ihr ja wissen.

Ja, rief Jürgen, ich warte. Ich muß ja noch aufpassen, bis es dunkel wird. Ich warte bestimmt. Und er rief: Wir haben auch noch Bretter zu Hause. Kistenbretter, rief er.

Aber das hörte der Mann schon nicht mehr. Er lief mit seinen krummen Beinen auf die Sonne zu. Die war schon rot vom Abend, und Jürgen konnte sehen, wie sie durch die Beine hindurchschien, so krumm waren sie. Und der Korb schwenkte aufgeregt hin und her. Kaninchenfutter war da drin. Grünes Kaninchenfutter, das war etwas grau vom Schutt.

Wolfgang Borchert (1921–1947)

2

Gliedere die Kurzgeschichte in Erzählabschnitte und gib den Abschnitten Überschriften (Stichworte oder kurze Sätze).

1. Erzählabschnitt: Kleiner Junge und alter Mann in einer Trümmerstadt (Zeile 1–10)

2. Erzählabschnitt: ______

3. Erzählabschnitt: ______

4. Erzählabschnitt: ______

5. Erzählabschnitt: ______

6. Erzählabschnitt: ______________________________

____

7. Erzählabschnitt: ______________________________

____

3

Schreibe eine Einleitung und eine Inhaltsangabe für die Untersuchung der Kurzgeschichte „Nachts schlafen die Ratten doch" in dein Trainingsheft.

Einleitung
In Borcherts Kurzgeschichte „Nachts schlafen die Ratten doch" von 1946 …

4

Welche Erzählperspektive zeigt sich in den folgenden Textstellen? Begründe deine Meinung und gehe besonders auf die hervorgehobenen Formulierungen ein.

a) Aber als er ein bißchen blinzelte, sah er nur zwei etwas **ärmlich behoste** Beine. Die standen **ziemlich krumm** vor ihm, daß er zwischen ihnen **hindurchsehen** konnte.

b) Er lief mit seinen **krummen Beinen** auf die Sonne zu. Die war schon **rot** vom Abend, und Jürgen konnte sehen, wie sie **durch die Beine hindurchschien**, so krumm waren sie. Und der Korb schwenkte **aufgeregt** hin und her. Kaninchenfutter war da drin. **Grünes** Kaninchenfutter, das war etwas **grau** vom Schutt.

5

Welche sonstigen Erzähltechniken wendet Borchert in seiner Kurzgeschichte an? (Darstellung des zeitlichen Ablaufs, innere oder äußere Handlung, besondere sprachliche Mittel.)

6

Sind der Anfang und der Schluss dieser Kurzgeschichte offen oder geschlossen? Begründe deine Entscheidung.

7

Was ist die Hauptaussage dieser Kurzgeschichte? Begründe deine Wahl.

a) Der Autor möchte zeigen, dass der Krieg alles Leben zerstört und keine Hoffnung für den Menschen bleibt.
b) Der Autor möchte zeigen, dass der Junge trotz der furchtbaren Kriegsfolgen durch den Hinweis auf andere junge Lebewesen (die Kaninchen) wieder Kind sein kann und Hoffnung gewinnt.
c) Der Autor möchte zeigen, dass Kinder und alte Leute besonders unter dem Krieg gelitten haben.
d) Der Autor möchte zeigen, dass die Menschen sich auch in dieser schlimmen Kriegszeit irgendwie mit Nahrungsmitteln zu versorgen wissen.

8

Schreibe nun eine zusammenhängende Untersuchung von Borcherts Kurzgeschichte, in der du auch auf die Erzählhaltung, die Erzähltechnik und die sprachlichen Mittel eingehst.

Hauptteil
Borcherts Kurzgeschichte enthält keine Rück- oder Vorblenden. ...

9

Schreibe den Schluss deiner Untersuchung und beziehe dabei die folgenden Informationen über Wolfgang Borchert und dessen Werk mit ein.

1942/43: Borchert wird im Krieg verletzt.
1943: Borchert wird wegen kritischer Äußerungen gegen den Krieg und die Nazis trotz seiner Verletzung an die Front in Russland versetzt und erkrankt schwer.
1945: Der schwer kranke Borchert flieht aus französischer Kriegsgefangenschaft.
1947: Borchert stirbt an den Folgen seiner Erkrankung im Alter von 26 Jahren.

Schluss
In dieser Kurzgeschichte hat Borchert seine ganz persönlichen schlimmen Erfahrungen im Zweiten Weltkrieg verarbeitet. ...

MANN, ICH HAB' JETZT ABER GENUG VON DEN BLÖDEN ÜBUNGEN!
PRIMA, DU KANNST SOFORT AUFHÖREN!
WIRKLICH?
JA, DANN KANNST DU DIE WIESE MÄHEN, DIE BÜSCHE ENTLAUSEN, DEN ENTENTEICH SAUBERMACHEN, UND DER ZAUN MÜSSTE MAL WIEDER GESTRICHEN WERDEN.
OU, DA SEH' ICH, DASS ICH VIEEEL ZU WENIG GEÜBT HAB'...

8.2 Wie untersuche ich eine Ballade?

Die Ballade ist ein oftmals langes und handlungsreiches Gedicht, das neben den lyrischen auch erzählende und dramatische Stilelemente enthalten kann. Zur Untersuchung einer Ballade gehören folgende Arbeitsschritte:

Einleitung

Beginne mit einem Einleitungssatz, in dem du den Autor, die Entstehungszeit, den Titel nennst und den Kern der Handlung knapp zusammenfasst.

Hauptteil

1. Gliedere die Ballade nach Sinnabschnitten und gib den Abschnitten Überschriften. Schreibe eine **Inhaltsangabe** im Präsens und gehe dabei auf die W-Fragen ein. (Wer? Wo? Was? Wann? Wie? Welche Folgen?).

2. **Charakterisiere** die handelnden **Personen**.

3. Untersuche den **Spannungsbogen** (Spannungsfrage, Höhepunkt, Auflösung) der Ballade.

4. Untersuche die **lyrischen Mittel**. Zu den wichtigsten gehören:

   Vers: Gedichtzeile, evtl. mit einem festen rhythmischen Schema (Metrum).

   Strophe: Abschnitt eines Gedichts, der aus mehreren Versen besteht. Eine unterschiedliche Länge der Strophen kann eine Bedeutung für die Gedichtaussage besitzen.

   Metrum: Eine bestimmte Abfolge von betonten und unbetonten Silben:

   Betonte Silbe, unbetonte Silbe: x́ x x́ x **(Trochäus)**
   „Rǘckwärts, rǘckwärts, Dón Rodrígo“

   Unbetonte Silbe, betonte Silbe: x x́ x x́ **(Jambus)**
   „Auf Flǘgeln dés Gesánges“

Eine betonte Silbe, zwei unbetonte Silben: x́ xx x́ xx **(Daktylus)**
„Pf́ingsten das líebliche Fést war gekómmen"

Zwei unbetonte, eine betonte Silbe: xxx́ xxx́ **(Anapäst)**
„Wie mein Glúck, ist mein Líed"

Zeilensprung: Das Satzende geht über das Zeilenende hinaus, Wirkung: Bewegung, evtl. Unruhe usw.

Reim: Gleich klingende Silben oft am Ende von zwei Versen.
Paarreim (aabb): Ein Vers reimt sich jeweils auf den vorangegangenen.
Kreuzreim (abab): Ein Vers reimt sich jeweils auf den übernächsten.
Durch die Reimform können bestimmte Verse in einen engen Zusammenhang gebracht und dem Gedicht eine bestimmte Gliederung gegeben werden.

Wortwahl: ungewöhnliche bzw. wiederkehrende Wörter (Leitmotiv).

Bildhafte Ausdrücke: Formulierungen, die nicht wörtlich, sondern bildhaft oder vergleichend gemeint sind (Metapher, Vergleich, Symbol).

Personifikation – Gegenstände oder Sachverhalte bekommen menschliche oder tierische Eigenschaften.

Schluss

Am Schluss fasst du den Handlungsverlauf kurz zusammen und nennst davon abgeleitet die Gesamtaussage, evtl. die Moral der Ballade.

1

Lies die Ballade „Der Handschuh“ von Friedrich Schiller, die 1797 entstand.

Der Handschuh

Vor seinem Löwengarten,
Das Kampfspiel zu erwarten,
Saß König Franz,
Und um ihn die Großen der Krone,
Und rings auf hohem Balkone
Die Damen in schönem Kranz.

Und wie er winkt mit dem Finger,
Auf tut sich der weite Zwinger,
Und hinein mit bedächtigem Schritt
Ein Löwe tritt,
Und sieht sich stumm
Rings um,
Mit langem Gähnen,
Und schüttelt die Mähnen,
Und streckt die Glieder,
Und legt sich nieder.

Und der König winkt wieder,
Da öffnet sich behend
Ein zweites Tor,
Daraus rennt
Mit wildem Sprunge
Ein Tiger hervor.
Wie der den Löwen erschaut,
Brüllt er laut,
Schlägt mit dem Schweif
Einen furchtbaren Reif,
Und recket die Zunge,
Und im Kreise scheu
Umgeht er den Leu (= Löwe),
Grimmig schnurrend;
Drauf streckt er sich murrend
Zur Seite nieder.

Und der König winkt wieder,
Da speit das doppelt geöffnete Haus
Zwei Leoparden auf einmal aus,
Die stürzen mit mutiger Kampfbegier
Auf das Tigertier,
Das packt sie mit seinen grimmigen Tatzen,
Und der Leu mit Gebrüll
Richtet sich auf, da wirds still,
Und herum im Kreis,
Von Mordsucht heiß,
Lagern die greulichen Katzen.

Da fällt von des Altans (= Balkon) Rand
Ein Handschuh von schöner Hand
Zwischen den Tiger und den Leun
Mitten hinein.

Und zu Ritter Delorges, spottenderweis
Wendet sich Fräulein Kunigund:
„Herr Ritter, ist Eure Lieb so heiß,
Wie Ihr mirs schwört zu jeder Stund,
Ei, so hebt mir den Handschuh auf.“

Und der Ritter, in schnellem Lauf
Steigt hinab in den furchtbarn Zwinger
Mit festem Schritte,
Und aus der Ungeheuer Mitte
Nimmt er den Handschuh mit keckem Finger.

Und mit Erstaunen und mit Grauen
Sehns die Ritter und Edelfrauen,
Und gelassen bringt er den Handschuh zurück.
Da schallt ihm sein Lob aus jedem Munde,
Aber mit zärtlichem Liebesblick –
Er verheißt ihm sein nahes Glück –
Empfängt ihn Fräulein Kunigunde.
Und er wirft ihr den Handschuh ins Gesicht:
„Den Dank, Dame, begehr ich nicht!“
Und verläßt sie zur selben Stunde.

Friedrich Schiller (1759–1805)

2

Gliedere den Text in Sinnabschnitte und gib den einzelnen Abschnitten Überschriften.

1. Sinnabschnitt: *König Franz und sein Gefolge erwarten ein Kampfspiel. (Vers 1–8)*

2. Sinnabschnitt: Der Löwe wird in die Arena gelassen.

3. Sinnabschnitt: Der Tiger springt hinein.

4. Sinnabschnitt: Zwei Leoparden füllen die Arena noch.

5. Sinnabschnitt: Der Handschuh von Kunigunde fällt zu den Raubkatzen

6. Sinnabschnitt: Sie will dass Delorges den Handschuh holt!

7. Sinnabschnitt: Delorges holt den Handschuh

8. Sinnabschnitt: Delorges trennt sich von Kunigunde.

3

Schreibe die erste Strophe der Ballade in heutiges Deutsch um.
Trage deine Lösung ins Trainingsheft ein.

4

Welcher der folgenden Sätze eignet sich als Einleitungssatz einer Untersuchung der Ballade „Der Handschuh"? Begründe deine Wahl.

a) **Friedrich Schillers Ballade „Der Handschuh" (1797) zeigt die Grausamkeit von Königen im Mittelalter.**
b) **Friedrich Schillers Ballade „Der Handschuh" (1797) erzählt von einem mittelalterlichen Ritter, der seiner Angebeteten zum Gefallen sich auf eine lebensgefährliche Mutprobe einlässt.**
c) **In Friedrich Schillers Ballade „Der Handschuh" (1797) geht es um die erfolgreiche Mutprobe eines tapferen Ritters.**
d) **Friedrich Schillers Ballade „Der Handschuh" (1797) erzählt von der besonderen Tapferkeit und dem Stolz eines mittelalterlichen Ritters.**

5

Verfasse eine Inhaltsangabe der Ballade „Der Handschuh". Beachte dabei die W-Fragen und lege deine Gliederung aus Aufgabe 2 zugrunde.

Inhaltsangabe
König Franz und sein Hofstaat mit Damen erwarten ein Kampfspiel mit Raubkatzen im Löwengarten. ...

6

Welche Charakterisierung trifft auf das adlige Fräulein Kunigunde zu? Begründe deine Wahl.

a) **Sie hat hohe Ansprüche und möchte gerne einen wirklich mutigen Mann heiraten.**
b) **Sie liebt den mutigen Ritter sehr und möchte ihm dies endlich auch einmal zeigen.**
c) **Sie treibt ihr Spiel mit dem verliebten Ritter und fordert seinen Stolz heraus.**
d) **Sie ist besonders lebenslustig und möchte immer ihren Spaß haben.**

7

Charakterisiere das Verhalten des Löwen und das des Ritters. Was fällt dir auf?

8

Beschreibe die drei Spannungsbögen, die in dieser Ballade enthalten sind.

Höhepunkt

______

1. Spannungsfrage

Werden sich die Raubkatzen angreifen?

Auflösung

______

Höhepunkt

______

2. Spannungsfrage

______

Auflösung

______

Höhepunkt

______

3. Spannungsfrage

______

Auflösung

______

9

Schau dir die Strophenlängen in dieser Ballade an. Was fällt dir besonders auf, und in welchem Zusammenhang mit der erzählten Handlung könnte dies stehen?

10

Untersuche die Verse der fünften Strophe (Vers 44 – 47) und die Verse der siebten Strophe (Vers 53 – 57). In welchem Zusammenhang könnte die Versgestaltung mit der Handlung stehen?

11

Schau dir die Reimform der zweiten Strophe (Vers 7 – 16) und der sechsten und siebten Strophe (Vers 48 – 52 und Vers 53 – 57) an. Welchen Zusammenhang mit der Handlung siehst du hier?

12

Wo gibt es eine besondere Wortwahl, bildhafte Formulierungen oder Personifikationen?

13

Schreibe nun einen zusammenfassenden Schluss für die Interpretation dieser Ballade.

8.3 Nachricht, Bericht und Reportage

In jeder Zeitung gibt es viele Artikel mit unterschiedlichen Inhalten. Die meisten davon sind Nachrichten, Berichte und Reportagen.

Nachricht

In einer Nachricht (eine besonders kurze Nachricht = Meldung) werden die W-Fragen zu einem aktuellen Ereignis kurz und sachlich (d.h. ohne persönliche Meinung) beantwortet (Wer? Wann? Wo? Was?). Über Hintergründe oder Folgen eines Ereignisses wird nur knapp oder gar nicht informiert. Eine Nachricht untersuchst du, indem du ihre Informationen stichwortartig den W-Fragen zuordnest.

Bericht

Ein Bericht beantwortet die W-Fragen zu einem oder mehreren zusammenhängenden Ereignissen auch sachlich, aber genauer als eine Nachricht. Besonders über die Hintergründe oder Folgen wird ausführlicher berichtet. Einen Bericht untersuchst du, indem du

- zunächst den Text durchliest und das Thema bestimmst,
- unbekannte Wörter im Lexikon nachschlägst,
- die wesentlichen Informationen zum Thema den einzelnen W-Fragen zuordnest.

Reportage

Eine Reportage berichtet über ein Ereignis oder mehrere zusammenhängende Ereignisse (z.B. einen Unfall oder eine Reise) in persönlicher Form. Die Reportage enthält Informationen zu den W-Fragen und zum Hintergrund des Geschehens. Ihre Sprache ist anschaulich (genaue Beschreibung von Sinneseindrücken oder Gefühlen), sie enthält Zitate (wörtliche Rede) und wechselt manchmal vom Präteritum ins Präsens (Wirkung: Lebendigkeit und Spannung). Oft werden die Ich-Form verwendet und Einzelheiten sowie die Stimmung und die persönlichen Eindrücke des Autors beschrieben.
Eine Reportage untersuchst du, indem du

- zunächst den Text durchliest und das Thema bestimmst,
- unbekannte Wörter im Lexikon nachschlägst,
- die Informationen den einzelnen W-Fragen zuordnest,
- einzelne sprachliche Mittel genauer bestimmst,
- den Standpunkt des Verfassers ermittelst,
- den wesentlichen Inhalt mit eigenen Worten zusammenfasst.

1

Zu welcher Art von Zeitungsartikel gehören die folgenden Anfangssätze? Begründe deine Wahl.

Dicker beißender Rauch liegt über den Fabrikhallen, als der erste Löschzug eintrifft.

1. ______________________

Gestern gegen 17.30 Uhr sind die Lagerhallen einer Kunststoff verarbeitenden Firma in Köln-Mülheim bis auf die Grundmauern niedergebrannt.

2. ______________________

Der Brand der Lagerhallen in Köln-Mülheim hat eine Diskussion über die Einsatzbereitschaft der Kölner Feuerwehr ausgelöst, die schon seit geraumer Zeit über Personalmangel klagt.

3. ______________________

Selbst redegewandte Papageien lieben die Freiheit auf Bäumen – das musste gestern ein Papageienliebhaber schmerzvoll erfahren, als er mit seinem Liebling einen Spaziergang unternahm.

4. ______________________

Durch die Tierkenntnis eines Passanten konnte gestern Abend ein am frühen Morgen entflogener wertvoller Papagei wieder eingefangen werden.

5. ______________________

„Herrlich, herrlich!", hatte der Ara noch gerufen und begeistert seinem Herrchen am Ohrläppchen gezupft, als er zu dessen großem Schrecken plötzlich die Schwingen ausbreitete und sich in die Lüfte erhob.

6. ______________________________

Als ich das voll gepackte Fahrrad gerade besteigen will, platzt der Hinterreifen. So hatte ich mir eigentlich den Beginn unserer Fahrradtour quer durch Europa nicht vorgestellt.

7. ______________________________

Heute starten drei Schüler des Heinrich-Böll-Gymnasiums zu einer Fahrradtour quer durch Europa. Den Startschuss gibt um 10.00 Uhr der Bürgermeister auf dem Rathausplatz.

8. ______________________________

Im Rahmen der Hilfsaktion „Schüler für den Sudan" starteten gestern drei Schüler zu einer Fahrradtour quer durch Europa. Durch diese und ähnliche sportliche Leistungen sollen die Menschen auf die Not der Menschen im Sudan aufmerksam gemacht und Spendengelder gesammelt werden.

9. ______________________________

2

Lies die folgende Reportage und beantworte anschließend im Trainingsheft wichtige W-Fragen.

Freestyle Physics

Die Rakete rast auf eine Gruppe von Schülern zu. Kreischend stürmen sie auseinander. Mit einem lauten Krachen schlägt sie auf der Erde auf. Die Menge fängt lachend an zu klatschen.
Freestyle-Physics 2006, das war ein Treffen von 1800 Physikfreaks in Duisburg, allesamt Schüler, die an drei Tagen in sieben Technikwettbewerben gegeneinander antraten. Das Aufgabenspektrum reichte von der selbst gebauten Lasershow mit Musikuntermalung bis hin zum autonom arbeitenden Tauchboot. Physik ist nämlich nicht nur ödes Rechnen von komplizierten Formeln, Physik ist überall. Und: „Physik macht Spaß", so Professor Lorke von der Universität Duisburg.

Das Ziel
Dominik, Gereon, Gernot und ich sind Schüler am Dietrich-Bonhoeffer-Gymnasium und nahmen zum zweiten Mal in der Kategorie „Wasserrakete" am Wettbewerb teil. Ziel war, mit einer selbst gebauten Rakete, die nur mit Wasser und Luft angetrieben wird, möglichst hoch zu fliegen. Der Druckkörper, der einen Liter Wasser sowie fünf Bar Druck enthält, darf dabei nur aus handelsüblichen PET-Kunststoffflaschen bestehen.

Die Vorbereitung
Obwohl wir uns vorgenommen hatten, rechtzeitig mit dem Bau unserer Rakete anzufangen, klappte dieses Vorhaben natürlich nicht. Anstatt monatelang zu bauen, trafen wir uns am Wochenende vor der Veranstaltung und bastelten in größter Eile eine neue Rakete, größtenteils eine exakte Kopie des Vorjahresmodells. Dann regnete es das ganze Wochenende auch noch so sehr, dass wir nicht einmal einen Probeflug machen konnten.
Dafür gelang es uns, die Startnummer eins zu ergattern. Im Vorjahr hatten wir uns über die Nummer 203 ein wenig geärgert und diesmal die Homepage des Wettbewerbs belagert und sofort reagiert, als das Anmeldeformular verfügbar war.

Der Tag beginnt
Am 31. Mai ging es los. Halb verschlafen packte ich morgens die Werkzeuge in den Rucksack, wir hatten es am Wochenende zuvor nicht mehr geschafft, fertig zu werden. Dann ab in die Schule, denn vor dem Wettbewerb stand

mir noch eine Physikklausur bevor. Nachdem ich diese erfolgreich in den Sand gesetzt hatte, konnten wir losfahren. Wir verluden unsere Startrampen und quetschten uns in die Autos unserer Physiklehrer.
Kaum angekommen, mussten wir unsere Startrampe noch fertig bauen. Die vom Reglement vorgeschriebene Höchstbreite von 80 Zentimetern überschritt unsere Spanplatte um 15 Zentimeter. Gernot packte also die Säge aus. Gleichzeitig setzte sich Gereon mit zwei Rohrzangen an die Startbasis, denn seit dem letzten Einsatz vor einem Jahr hatten sich die Dichtungen alle gelöst.
Nachdem unsere Rakete wettbewerbskonform hergerichtet worden war, zogen wir los die „Konkurrenz" begutachten. Unsere Standnachbarn waren mit Riesenraketen von 1,50 m angerückt: Grinsend erklärten sie uns, dass die ursprüngliche Höhenbegrenzung von 80 Zentimetern auf einen Meter heraufgesetzt worden war. Unsere Rakete, eine importierte zwei Liter Cola-Flasche aus den Niederlanden, sah dagegen richtig winzig aus. Um eine möglichst große Höhe zu erreichen, ist es wichtig, den Druckkörper zu maximieren. Das kann man auf zwei Arten schaffen: Entweder man benutzt eine möglichst große Flasche, oder man klebt mehrere Flaschen zusammen. Wir hatten uns extra 2-Liter Flaschen aus Holland mitbringen lassen, da es diese in Deutschland nicht in der stabilen Mehrwegvariante gibt. Am weitesten hatte dieses „Importspiel" eine Gruppe im letzten Jahr getrieben, die sich eine 5-Liter Colaflasche aus Spanien bestellt hatte.

Der Flug
Dann ging der Wettbewerb los. Groß war die Enttäuschung, als uns gesagt wurde, dass der Start diesmal nicht nach Startnummern sortiert sei. Wir rannten los, um wenigstens unter den ersten Gruppen zu sein. Wir schafften es auch, als dritte Gruppe zu starten.
Was für ein Glück, dass wir nicht die erste Gruppe gewesen waren: Nach dem Start bog unsere Rakete direkt ab und fing an, sich in der Luft zu drehen. Wir wurden vollkommen nass gespritzt. Ein Johlen ging durch die Menge. Der Start war zwar technisch gesehen eine Blamage, doch bei der tollen Stimmung hörte man außer dem eher freundlichen Lachen höchstens ein bedauerndes „Schade", von Häme keine Spur. Wir zogen dennoch schnellstmöglich ab.

Die Bauweise
Den Rest des Nachmittages verbrachten wir dann mit Zuschauen bei den Starts der restlichen 135 Teams. Die beliebteste Startvorrichtung, die auch wir benutzt hatten, war das so genannte Gardena-Modell: In den durchbohrten Flaschendeckel wird der Stecker des sonst für Gartenbewässerung

eingesetzten Systems geklebt. Dieser rastet dann in die Kupplung ein, die auf der Startbasis verschraubt ist und über einen Schlauch mit Fahrradventil und einen daran angeschlossenen Kompressor die Rakete mit den fünf Bar Luftdruck aufpumpt. Zum Start wird dann nur noch die Kupplung gelöst, die Rakete fliegt los.
Die fünf Bar Druck sind für die Flaschen laut Hersteller vollkommen unproblematisch. Bei Probeflügen hatten andere Teams auch sieben bis acht Bar auf die Flaschen gegeben. Problematisch wird es bei den selbstverklebten Großraketen, die aus mehreren aneinander gesetzten Flaschen bestehen. Mit einem ohrenbetäubenden Knall sind alleine vier Raketen schon vor dem Start geplatzt.

Zweiter Start
Unseren missglückten Versuch wollten wir aber nicht auf uns sitzen lassen. Wir hatten unseren Start gefilmt und nach eingehender Videoanalyse machten wir die beim Transport verbogenen „Finnen", die Seitenleitwerke, als Ursache für den schiefen Flug aus. Wir fragten nach, ob wir ein zweites Mal starten könnten, diesmal mit der mitgebrachten Ersatz- (und gleichzeitig auch Vorjahres-) Rakete. Der zweite Start war viel gerader und schöner als der erste und gleichzeitig der letzte für unsere liebevoll gebaute Rakete: Bei der Landung flog sie übers Dach des angrenzenden „Zentrums für Halbleitertechnik und Optoelektronik" und landete inmitten eines kleinen Baumstreifens. Dabei ging die in mühsamer Kleinstarbeit geformte, aerodynamische Spitze kaputt. Fürs nächste Jahr steht also ein kompletter Neubau bevor.

Wer? *Professor Lorke, ...*
Wann? ...
Wo? ...
Was? ...
Warum? ...
Welche Folgen? ...

3

Erkläre folgende Wörter mit Hilfe des Lexikons:

Lasershow, Bar, PET-Kunststoff, Rohrzange, Kupplung, Kompressor

4

Welche sprachlichen Mittel werden in dieser Reportage eingesetzt?

5

Erläutere den Standpunkt des Verfassers zum Geschehen?

6

Fasse nun die wesentlichen Informationen der Reportage in einem kurzen Text zusammen. Benutze dabei deine Notizen zu den W-Fragen.

Unter Leitung des Duisburger Physikprofessors Lorke fanden vom 31. Mai bis zum ...

1. Die Untersuchung einer **Kurzgeschichte** enthält:
   - eine Einleitung (Autor, Titel und Thema), ☐
   - eine Inhaltsangabe, ☐
   - die Bestimmung der Erzählperspektive, ☐
   - die Untersuchung der Erzähltechnik (zeitlicher Aufbau, Verhältnis von äußerer und innerer Handlung, Gestaltung von Anfang und Schluss, Verwendung besonderer sprachlicher Mittel und deren Wirkung auf den Leser), ☐
   - die Untersuchung der Hauptaussage / der Aussageabsicht, ☐
   - einen Schluss mit einer Bewertung der Kurzgeschichte und evtl. einer historischen Einordnung. ☐

2. Die Untersuchung einer **Ballade** enthält:
   - eine Einleitung (Autor, Titel und Thema), ☐
   - eine Inhaltsangabe, ☐
   - eine Charakterisierung der handelnden Personen, ☐
   - eine Untersuchung des Spannungsbogens, ☐
   - eine Untersuchung der lyrischen Mittel (Reime, Strophenzahl/-länge, Wortwahl, bildhafte Ausdrücke). ☐

3. Die drei häufigsten Textsorten in einer Zeitung sind **Nachricht**, **Bericht** und **Reportage**.
   - Eine Nachricht beantwortet die W-Fragen zu einem aktuellen Ereignis kurz und sachlich. ☐
   - Ein Bericht beantwortet die W-Fragen, besonders die nach dem Hintergrund und den Folgen, ausführlicher als eine Nachricht. ☐
   - Eine Reportage beantwortet die W-Fragen ähnlich ausführlich wie ein Bericht, gibt aber auch den persönlichen Eindruck des Schreibers und eine Stimmung wieder. ☐
   - Die Reportage verwendet eine anschauliche Sprache (genaue Beschreibungen, Sinneseindrücke), Zitate und häufig die Zeitform des Präsens. ☐

1

Schreibe eine vollständige Untersuchung von Heinrich Bölls Kurzgeschichte „Anekdote zur Senkung der Arbeitsmoral“, die 1963 erschien. Gliedere deine Untersuchung in folgende Abschnitte:
- Einleitung
- Inhaltsangabe
- Bestimmung der Erzählperspektive
- Untersuchung der Erzähltechnik
- Hauptaussage
- Schluss

Berücksichtige auch die folgenden Stichworte zum historischen Hintergrund der Kurzgeschichte:
60er Jahre: Zeit des so genannten „Wirtschaftswunders“ in der BRD, d.h. ein starker wirtschaftlicher Aufschwung nach den Zerstörungen des Zweiten Weltkriegs, Vollbeschäftigung, Beginn der deutschen Konsumgesellschaft, in der man alles kaufen kann und vieles kaufen will; Glaube der Menschen an ein unbegrenztes wirtschaftliches Wachstum.

Anekdote zur Senkung der Arbeitsmoral

In einem Hafen an einer westlichen Küste Europas liegt ein ärmlich gekleideter Mann in seinem Fischerboot und döst. Ein schick angezogener Tourist legt eben einen neuen Farbfilm in seinen Fotoapparat, um das idyllische Bild zu fotografieren: blauer Himmel, grüne See mit friedlichen schneeweißen Wellenkämmen, schwarzes Boot, rote Fischermütze. Klick. Noch einmal: klick, und da aller guten Dinge drei sind und sicher sicher ist, ein drittes Mal: klick. Das spröde, fast feindselige Geräusch weckt den dösenden Fischer, der sich schläfrig aufrichtet, schläfrig nach seiner Zigarettenschachtel angelt; aber bevor er das Gesuchte gefunden, hat ihm der eifrige Tourist schon eine Schachtel vor die Nase gehalten, ihm die Zigarette nicht gerade in den Mund gesteckt, aber in die Hand gelegt, und ein viertes Klick, das des Feuerzeugs, schließt die eilfertige Höflichkeit ab. Durch jenes kaum meßbare, nie nachweisbare Zuviel an flinker Höflichkeit ist eine gereizte Verlegenheit entstanden, die der Tourist – der Landessprache mächtig – durch ein Gespräch zu überbrücken versucht.
»Sie werden heute einen guten Fang machen.« Kopfschütteln des Fischers.
»Aber man hat mir gesagt, daß das Wetter günstig ist.« Kopfnicken des Fischers.
»Sie werden also nicht ausfahren?«
Kopfschütteln des Fischers, steigende Nervosität des Touristen. Gewiß liegt ihm das Wohl des ärmlich gekleideten Menschen am Herzen, nagt an ihm

die Trauer über die verpaßte Gelegenheit. »Oh, Sie fühlen sich nicht wohl?« Endlich geht der Fischer von der Zeichensprache zum wahrhaft gesprochenen Wort über.

»Ich fühle mich großartig«, sagte er. »Ich habe mich nie besser gefühlt.« Er steht auf, reckt sich, als wolle er demonstrieren, wie athletisch er gebaut ist. »Ich fühle mich phantastisch.«

Der Gesichtsausdruck des Touristen wird immer unglücklicher, er kann die Frage nicht mehr unterdrücken, die ihm sozusagen das Herz zu sprengen droht: »Aber warum fahren Sie dann nicht aus?«

Die Antwort kommt prompt und knapp. »Weil ich heute morgen schon ausgefahren bin.«

»War der Fang gut?«

»Er war so gut, daß ich nicht noch einmal auszufahren brauche, ich habe vier Hummer in meinen Körben gehabt, fast zwei Dutzend Makrelen gefangen.«

Der Fischer, endlich erwacht, taut jetzt auf und klopft dem Touristen beruhigend auf die Schultern. Dessen besorgter Gesichtsausdruck erscheint ihm als ein Ausdruck zwar unangebrachter, doch rührender Kümmernis.

»Ich habe sogar für morgen und übermorgen genug«, sagte er, um des Fremden Seele zu erleichtern. »Rauchen Sie eine von meinen?«

»Ja, danke.«

Zigaretten werden in Münder gesteckt, ein fünftes Klick, der Fremde setzt sich kopfschüttelnd auf den Bootsrand, legt die Kamera aus der Hand, denn er braucht jetzt beide Hände, um seiner Rede Nachdruck zu verleihen.

»Ich will mich ja nicht in Ihre persönlichen Angelegenheiten mischen«, sagt er, »aber stellen Sie sich mal vor, Sie führen heute ein zweites, ein drittes, vielleicht sogar ein viertes Mal aus und Sie würden drei, vier, fünf, vielleicht gar zehn Dutzend Makrelen fangen. Stellen Sie sich das mal vor.«

Der Fischer nickt.

»Sie würden«, fährt der Tourist fort, »nicht nur heute, sondern morgen, übermorgen, ja, an jedem günstigen Tag zwei-, dreimal, vielleicht viermal ausfahren – wissen Sie, was geschehen würde?«

Der Fischer schüttelt den Kopf.

»Sie würden sich in spätestens einem Jahr einen Motor kaufen können, in zwei Jahren ein zweites Boot, in drei oder vier Jahren könnten Sie vielleicht einen kleinen Kutter haben, mit zwei Booten oder dem Kutter würden Sie natürlich viel mehr fangen – eines Tages würden Sie zwei Kutter haben, Sie würden …«, die Begeisterung verschlägt ihm für ein paar Augenblicke die Stimme, »Sie würden ein kleines Kühlhaus bauen, vielleicht eine Räucherei, später eine Marinadenfabrik, mit einem eigenen Hubschrauber rundfliegen, die Fischschwärme ausmachen und Ihren Kuttern per Funk Anweisung geben. Sie könnten die Lachsrechte erwerben, ein Fischrestaurant eröffnen, den Hummer ohne Zwischenhändler direkt nach Paris exportieren – und dann … «, wieder verschlägt die Begeisterung dem Fremden die Sprache. Kopfschüttelnd, im tiefsten Herzen betrübt, seiner Urlaubsfreude schon fast verlustig, blickt er auf die friedlich hereinrollende Flut, in der die ungefangenen Fische munter springen. »Und dann«, sagt er, aber wieder verschlägt ihm die Erregung die Sprache.

Der Fischer klopft ihm auf den Rücken, wie einem Kind, das sich verschluckt hat. »Was dann?« fragt er leise.

»Dann«, sagt der Fremde mit stiller Begeisterung, »dann könnten Sie beruhigt hier im Hafen sitzen, in der Sonne dösen – und auf das herrliche Meer blicken.«

»Aber das tu ich ja schon jetzt«, sagte der Fischer, »ich sitze beruhigt am Hafen und döse, nur Ihr Klicken hat mich dabei gestört.«

Tatsächlich zog der solcherlei belehrte Tourist nachdenklich von dannen, denn früher hatte er auch einmal geglaubt, er arbeite, um eines Tages einmal nicht mehr arbeiten zu müssen, und es blieb keine Spur von Mitleid mit dem ärmlich gekleideten Fischer in ihm zurück, nur ein wenig Neid.

Heinrich Böll (1917–1985)

Einleitung
Heinrich Böll erzählt in seiner Kurzgeschichte „Anekdote zur Senkung der Arbeitsmoral" aus dem Jahr …

2

Untersuche die Ballade „Die Brück' am Tay", die Theodor Fontane im Jahre 1880 geschrieben hat. Deine Untersuchung sollte folgende Abschnitte haben:

- Eine Einleitung
- Eine Inhaltsangabe
- Eine Charakterisierung der handelnden Personen
- Eine Untersuchung des Spannungsbogens
- Eine Untersuchung der lyrischen Mittel (Reime, Rhythmus, Strophenzahl/-länge, besondere sprachliche Mittel)

Worterklärungen:
Die Brücke am Tay: Eisenbahnbrücke in Schottland über die Mündung des Tay in die Nordsee. Die Ballade handelt von einer Brücke, die im 19. Jahrhundert entstand und am 28. Dezember 1879 wegen eines Sturmes zusammenbrach. Dabei stürzte ein Zug ins Meer, und 75 Menschen kamen um. Der Bau dieser Brücke war damals ein großes technisches Wagnis. Noch niemals vorher hatte man eine Brücke mit diesen Ausmaßen (3 km lang und ca. 40 m hoch) gebaut.

When shall we three meet again: Ein Ausspruch aus dem Drama „Macbeth" des englischen Schriftstellers William Shakespeare (1564–1616). Im ersten Balladenvers „Wann treffen wir drei wieder zusamm'?" wird dieses Shakespeare-Zitat übersetzt.

Tand: Ein hübsches Ding, das aber keinen Wert hat (z. B. billiger Schmuck).

Norderseite: Nordseite

Brückenhaus: Das Haus des Brückenwärters, der für die Kontrolle der Brücke zuständig war.

Brücknersleut': Der Brückenwärter und seine Frau

Süderturm: Südturm der Brücke

Die Brück' am Tay

(28. Dezember 1879)

When shall we three meet again?
Macbeth

»Wann treffen wir drei wieder zusamm?«
»Um die siebente Stund', am Brückendamm.«
»Am Mittelpfeiler.«
»Ich lösche die Flamm.«
»Ich mit.«

»Ich komme vom Norden her.«
»Und ich vom Süden.«
»Und ich vom Meer.«

»Hei, das gibt einen Ringelreihn,
Und die Brücke muß in den Grund hinein.«

»Und der Zug, der in die Brücke tritt
Um die siebente Stund'?«
»Ei, der muß mit.«
»Muß mit.«

»Tand, Tand
Ist das Gebilde von Menschenhand!«

*

Auf der *Norderseite*, das Brückenhaus –
Alle Fenster sehen nach Süden aus,
Und die Brücknersleut' ohne Rast und Ruh
Und in Bangen sehen nach Süden zu,
Sehen und warten, ob nicht ein Licht
Übers Wasser hin »Ich komme« spricht,
»Ich komme, trotz Nacht und Sturmesflug,
Ich, der Edinburger Zug.«

Und der Brückner jetzt: »Ich seh' einen Schein
Am anderen Ufer. Das muß er sein.
Nun, Mutter, weg mit dem bangen Traum,
Unser Johnie kommt und will seinen Baum,
Und was noch am Baume von Lichtern ist,
Zünd' alles an wie zum heiligen Christ,
Der will heuer *zweimal* mit uns sein, –
Und in elf Minuten ist er herein.«

*

Und es war der Zug. Am *Süder*turm
Keucht er vorbei jetzt gegen den Sturm,
Und Johnie spricht: »Die Brücke noch!
Aber was tut es, wir zwingen es doch.
Ein fester Kessel, ein doppelter Dampf,
Die bleiben Sieger in solchem Kampf.
Und wie's auch rast und ringt und rennt,
Wir kriegen es unter, das Element.

Und unser Stolz ist unsre Brück';
Ich lache, denk' ich an früher zurück,
An all den Jammer und all die Not
Mit dem elend alten Schifferboot;
Wie manche liebe Christfestnacht
Hab' ich im Fährhaus zugebracht
Und sah unsrer Fenster lichten Schein
Und zählte und konnte nicht drüben sein.«

Auf der Norderseite, das Brückenhaus –
Alle Fenster sehen nach Süden aus,
Und die Brücknersleut' ohne Rast und Ruh
Und in Bangen sehen nach Süden zu;
Denn wütender wurde der Winde Spiel,
Und jetzt, als ob Feuer vom Himmel fiel',
Erglüht es in niederschießender Pracht
Überm Wasser unten … Und wieder ist Nacht.

*

»Wann treffen wir drei wieder zusamm?«
»Um Mitternacht, am Bergeskamm.«
»Auf dem hohen Moor, am Erlenstamm.«

»Ich komme.«
»Ich mit.«
»Ich nenn' euch die Zahl.«
»Und ich die Namen.«
»Und ich die Qual.«
»Hei!
Wie Splitter brach das Gebälk entzwei.«

»Tand, Tand
Ist das Gebilde von Menschenhand.«

Theodor Fontane (1819–1898)

Einleitung
Theodor Fontanes Ballade „Die Brück' am Tay" (geschrieben 1880) handelt von ...

3

1969 startete der norwegische Wissenschaftler Thor Heyerdahl mit einer international besetzten Mannschaft zu einer Atlantiküberquerung von Marokko nach Amerika. Ihr Boot Ra I war nach dem Vorbild alter ägyptisch-phönizischer Boote aus Papyrusbinsen, also dünnen und biegsamen Sumpfgräsern gebaut. Die Überquerung scheiterte allerdings, weil sich das Boot kurz vor dem Ziel in seine Einzelteile auflöste.

Untersuche den folgenden Auszug aus der Reisereportage „Expedition Ra" von Thor Heyerdahl, die 1970 erschien. Beachte dabei folgende Gesichtspunkte:
- Thema und Kurzfassung des Inhalts
- Bedeutung unbekannter Wörter
- W-Fragen
- Besondere sprachliche Mittel (Zeitform, Personalformen, Beschreibungen, wörtliche Rede, Darstellung von Gefühlen und Gedanken)
- Standpunkt des Verfassers

Expedition Ra

Es kam mir vor, als stünde ich knietief im Wasser am Strand und die salzige Brandung bräche über mir zusammen, mal bis zu meiner Hüfte, mal über meinen Kopf. Aber von Strand konnte keine Rede sein; es gab kein trockenes Land, zu dem man hätte zurückwaten können, das nächste Ufer war 1 000 Seemeilen entfernt.
Ich stand auf dem Heck eines Schiffes. Jedoch war es kein normales Schiff aus Holz oder Eisen, sondern ein Schiff aus Binsen – aus dünnen, weichen, biegsamen Papyrusbinsenrohren der Art, wie sie die alten Ägypter zur Herstellung von Papier verwendet hatten, aber auch zum Bau von Papyrusbooten. Ägyptische Wissenschaftler hatten Experimente mit Papyrus angestellt und herausgefunden, daß die Binsen mit dem schwammigen Mark ihre Schwimmfähigkeit über zwei Wochen behielten. Danach hätte man sie an den Strand ziehen und trocknen lassen müssen. Für eine Ozeanüberquerung kam ein Papyrusboot folglich nach ihrer Ansicht nicht in Frage.
Wir schwammen jetzt in amerikanischen Gewässern, waren etwa zwei Monate an Bord unseres Bootes Ra und hatten den größten Teil des Atlantischen Ozeans bereits überquert. Das Papyrus war immer noch schwimmfähig. Es gab jedoch ein anderes und größeres Problem: nicht alles Papyrus schwamm mit uns! Wir hatten die Binsenrohre wie in alten Zeiten mit Stricken zusammengebunden. Jetzt waren jedoch viele Stricke zerrissen, und Hunderte von losen Papyrusstengeln schwammen frei hinter uns. Wir segelten weg von ihnen, und da die Bündel immer kleiner wurden, fühlten wir uns, als säßen wir auf einem schwimmenden Heuhaufen und hätten Schwierigkeiten, das Heu zusammenzuhalten.
Die Stricke am Heck und an der Bordseite waren zerrissen, es ging immer mehr Papyrus verloren, das Heck sank unter Wasser, das ganze Schiff begann sich schwer nach Steuerbord zu neigen. So schwer, daß sich alle Wellen an Bord brachen und wasserfallartig durch die geflochtene Bambuswand in unsere winzige korbartige Kabine kamen, worin wir sardinenähnlich gepackt lagen und den in Holzkisten unter uns lagernden Besitz zu retten trachteten. Uns schien, als lebten und schliefen wir auf einer sich windenden Seeschlange.
Am Tag zuvor hatte der Wind eine wütende Stärke erreicht. Riesige Wellen brachen über uns zusammen. Das Wasser gurgelte, spritzte und donnerte überall. Die hölzernen Kästen, in denen wir lagen, begannen zu rollen und auf und nieder zu tanzen. Einige liefen halbvoll Wasser. Unsere gesamte Habe war triefend naß. Bald kam eine riesige Welle nach der andern in die offene Flechtkabine – mit solcher Gewalt, daß die Kästen in lose schwimmende Bretter zersplitterten. Unsere Matratzen schwammen umher, zusammen mit

Büchern, Sanitätsausrüstung, toten Fischen und Unterwäsche.
Jeden Augenblick erwarteten wir, daß die Füße des schweren gegabelten Mastes sich von den Binsenbündeln befreien würden, aber die Ra schaukelte immer wieder in die Waagerechte und legte ihren Weg westwärts weiter zurück wie ein wütendes Seeungeheuer. Selbst unter diesen elenden Bedingungen schafften wir 63 Seemeilen oder 117 Kilometer am Tag; nur 20 oder 30 Kilometer weniger, als Eratosthenes um 240 v. Chr. für ägyptische Papyrusschiffe angegeben hatte, die nach Ceylon und zur Mündung des Ganges gesegelt waren.
Wir waren alle festgebunden, damit wir nicht über Bord gespült wurden. Nur wenn wir an einer anderen Stelle des Schiffes zu tun hatten, lösten wir für den Platzwechsel die Stricke. Ich wurde aus meinen Meditationen über das Papyrus in unserem Kielwasser durch das ägyptische Mitglied unserer internationalen Mannschaft gerissen. Es kam mit bleichem Gesicht angewatet, um zu berichten, daß das ganze Papyrusbündel an der Steuerbordseite losgerissen sei. Mit einem Sprung war ich an der anderen Seite der Bambuskabine, gefolgt von Abdullah, unserem pechschwarzen Gefährten aus Tschad in Zentralafrika, der als einziger von uns schon vorher Papyrus gesehen hatte …
Uns bot sich ein Anblick, den ich nie vergessen werde. Das Boot war der Länge nach vollkommen gespalten. Die Seitenrolle auf Steuerbord, die den einen Mast hielt, bewegte sich in ihrer ganzen Länge von dem Rest des Bootes weg und wieder heran. Nur an Bug und Achtersteven saß die Rolle noch fest an der Ra. Jedesmal, wenn die Wellen die große Papyrusrolle von dem Rest des Bootes wegdrängten, starrten wir in das klare Blau. Nie hatte ich den Atlantik so klar und so tief gesehen wie in dieser Spalte in unserer kleinen Papyruswelt. Hätte Abdullah bleich werden können – er wäre es geworden. Mit stoischer Ruhe und fester Stimme sagte er kalt, jetzt sei alles aus. Die Taue waren durchgescheuert. Die Kette war gebrochen. Die Tauketten würden sich allmählich lösen, und in ein paar Stunden würden die Papyrusbinsen in alle Richtungen auseinanderschwimmen.
Abdullah. Abdullah hatte aufgegeben. Georges und ich standen eine Weile wie gelähmt und sahen von dem Meeresspalt, der sich zu unseren Füßen rhythmisch öffnete und schloß, auf die zusammengebundene Spitze des Schrägmastes. Ein Bein auf jeder Seite, hielt der Schrägmast faktisch die beiden Teile des Bootes zusammen, sonst wären die Taue vorn und achtern auch schon längst durchgescheuert gewesen. Plötzlich stand Norman neben uns und blickte unverwandt, wie ein Tiger auf dem Sprung.
„Männer, wir geben nicht auf!“ sagte er verbissen.
Im nächsten Augenblick hasteten wir alle durcheinander. Carlo und Santiago holten Taurollen und vermaßen und kappten Enden von unserem dicksten Tau. Georges sprang in die Wellen und schwamm mit einem dicken Tauende

quer unter die Ra. Norman und ich krochen überall umher und untersuchten durchgescheuerte Zurrungen, um festzustellen, wie weit das Boot sich spalten würde. Papyrusbinsen schwammen einzeln und in Büscheln im Kielwasser. Abdullah schlug mit einem Schmiedehammer auf die riesengroße Nähnadel der Ra, eine dünne Eisenstange mit einem Nadelöhr am unteren Ende, das ein acht Millimeter starkes Tau halten konnte. Mit der Nadel wollten wir versuchen, das „Papierboot" zusammenzunähen. Juri übernahm allein das schwere Stück Arbeit am Steuerruder, Stunde um Stunde. Zuerst schwamm Georges viermal mit unserem dicksten Reep unter der Ra durch, und wir zurrten es an Deck wie vier große Faßreifen zusammen – in der Hoffnung, es würde die Bündel zusammenhalten, damit sich der Schrägmast nicht an der Spitze spaltete. Danach tauchte er genau an den Stellen unter die Papyrusbündel, an denen Abdullahs große „Nähnadel" durchgestochen wurde. … Der Schrägmast stand schief, und trotzdem fuhr die Ra so schnell, daß Georges mit einem Reep festgehalten werden mußte. Wir waren glücklich, als wir ihn schließlich an Bord zogen, ohne daß ihn die spitze Riesennadel getroffen hatte.

Thor Heyerdahl (1914–2002)

Expedition Ra
In Thor Heyderdahls Reisereportage „Expedition Ra" aus dem Jahr 1970 geht es um …

WARUM FÄLLT MEIN BROT IMMER AUF DIE MARMELADEN-SEITE?
WAS IST DER SINN DES LEBENS?
WAS IST DIE LÖSUNG FÜR AUFGABE 3 AUF SEITE 54?
ALSO, ZUMINDEST AUF DIE LETZTE FRAGE KANN ICH EUCH DIE ANTWORT GEBEN.

Lösungen

Rechtschreibung

1 Groß- und Kleinschreibung

1.1 Adjektive

1

b) Am Abend wird der **Faule** fleißig.
c) Dem **Glücklichen** schlägt keine Stunde.
d) Es kann der **Friedliche** nicht in Frieden leben, wenn es dem **bösen** Nachbarn nicht gefällt.
e) Dem **Fleißigen** gehört die Welt.
f) Die **schönsten** Bilder malten die **Kleinsten**.
g) Unter **Blinden** ist der **Einäugige** König.
h) Man soll **Eilige** nicht aufhalten.
i) Es ist klar, dass **Wasserscheue** das Wasser meiden.
j) Gute Eltern wissen, dass **kleine** Kinder viel Aufmerksamkeit brauchen, **große** aber auch.
k) Sprichwort: Die **Kleinen** hängt man, die **Großen** lässt man laufen.
l) Die **bunten** Vögel wurden von den **grauen** gejagt.
m) Der **Ärmste** kann einem Leid tun.
n) Die gute Unterhaltung besteht nicht darin, dass man selbst etwas **Gescheites** sagt, sondern dass man viel **Dummes** anhören kann.

2

b) **Am liebsten** wäre sie im Boden versunken.
c) **Bei schlechtem** Wetter bleiben wir zu Hause.
d) **Mit Süßem** kann man den meisten Kindern eine Freude machen.
e) Igel werden erst **im Dunkeln** munter.
f) Die Farbe des Abendhimmels ging **in Dunkelrot** über.
g) Plötzlich wechselte die Ampel **von Grün auf Rot**.
h) Sie ist immer sehr **an Neuem** interessiert.
i) Er schaffte die Besteigung des Mount Everest **am häufigsten**.
j) Sie waren begeistert **von Teuerem** und **Modischem**.
k) Am Wochenende fahren wir meist **ins Grüne**.

3

1. die rote Karte 2. die Chinesische Mauer 3. der Schiefe Turm von Pisa
4. die Schweizer Uhr 5. der Kölner Dom 6. das neue Jahr 7. die Deutsche Dogge
8. die deutsche Fahne

1.2 Pronomen

1

b) Er beharrt auf **seinem** Standpunkt.
c) Kleine Kinder können noch nicht zwischen **Mein** und **Dein** unterscheiden.
d) Der Anrufer mit der tiefen Stimme gab zu, dass **er** gar kein **Er**, sondern eine **Sie** war.
e) Leider sind **meine** Haare schlecht geschnitten, **deine** aber fantastisch.
f) Jonas gibt **seiner** Mannschaft noch letzte Tipps für das Spiel, während Leonie die **ihre** sich nur noch aufwärmen lässt.
g) Auch nach langer Diskussion konnten **sich beide** nicht einigen.
h) Ich kann die **beiden** gut verstehen.
i) Jasmina kauft sich neue Kleider, weil **sie** betonen will, dass **sie** eine **Sie** ist.
j) Erst nach jahrelanger Bekanntschaft bot Frau Müller **ihrer** Nachbarin das **Du** an.
k) Wenn du **diese** Woche auf den Hund aufpasst, kümmere ich mich nächste Woche um **ihn**.

2

Lösungsvorschläge:
b) Er kennt meine Eltern noch nicht, aber ich kenne **seine**.
c) Sie ärgert sich über die schlechte Note in Mathe, weil **diese** ihren Zeugnisdurchschnitt verschlechtert.
d) Es gibt Naturvölker, die kaum zwischen **Mein** und **Dein** unterscheiden.
e) Das da ist doch dein Stift und dieser hier ist **meiner**.
f) Dieser Hund ist kein **Er**, sondern eine **Sie**.
g) In diesem Wald haben sich schon **manche** verirrt.
h) Wenn die Eisbären Fische jagen, lauern **sie ihnen** an einem Loch im Eis auf.
i) Wenn es eine Klimakatastrophe gibt, sind davon **alle** betroffen.
j) Sie hat **alles** in ihrem Zimmer neu geordnet.
k) Leonie hat noch ein bisschen Geld, aber Jonas hat **keins** mehr.

3

b) Ich schreibe **dir / Dir** diesen Brief, damit **du / Du** nicht denkst, dass ich **dich / Dich** vergessen habe.
c) Ich bitte **Sie** darum, **sich** die Angelegenheit noch einmal genau zu überlegen.
d) Kannst **du** mir mal gerade **deinen** Stift leihen?
e) Nehmen **Sie** doch bitte Platz!
f) Setzen **Sie sich** doch bitte!
g) Liebe Eltern, wenn **ihr / Ihr** diesen Brief bekommt, habt **ihr / Ihr** unsere neue Wohnung bestimmt schon komplett eingeräumt und könnt **euch / Euch** ein wenig vom Umzugsstress erholen.
h) Könnt **ihr** bitte etwas leiser sein, damit **eure** Trommelfelle nicht platzen!

Test

1

Liebe Anna,

vielen Dank für die Einladung zu **deiner / Deiner** Geburtstagsparty. Leider kann ich nicht kommen, weil ich mich in der **nächsten** Zeit nicht nur um die Schule, sondern um noch **Unangenehmeres** kümmern muss. Bei uns ist nämlich etwas **Kleines** angekommen. Genauer gesagt ein **kleiner Er**. Eine **kleine Sie** wäre mir allerdings lieber gewesen. Na ja, **er** ist aber ein hübscher Bruder. Meine Mutter musste leider ins Krankenhaus, in dem **sie** wohl auch noch mindestens eine Woche bleiben wird.
Jetzt teile ich mir also mit **meinem** Vater die **gesamte** Hausarbeit. Vieles bleibt jetzt an **mir** hängen, aber **er** erledigt auch **einiges**. Na ja, so lernen wir **beide** noch **manches** dazu, worum **sich** bisher nur Mama gekümmert hat. Bis jetzt haben wir jedenfalls noch nichts **Schlimmes** falsch gemacht.
Aber jetzt zu **dir / Dir**. Wie geht es **dir / Dir**? Sind **alle** von der alten Clique noch da? Was gibt es **Neues**? Manchmal werde ich ganz **traurig**, weil ich umziehen, die Schule wechseln musste und **euch / Euch** nur noch so selten sehen kann. In der **neuen** Schule habe ich mich nur langsam eingelebt, denn die **alte** hatte eine richtig familiäre Atmosphäre. Wenn ich an unsere lustige Klasse denke, würde ich am **liebsten** sofort zurückkommen. Das einzig **Gute** hier ist, dass ich nur fünf Minuten mit dem Fahrrad bis zur Schule fahren muss. Sie liegt in der **Gerolsteiner** Straße und erinnert mich also täglich an meine alte Heimat. Es gibt aber keine **guten** Schüler, die auch **nett** sind. Nur mit den **schlechten** gibt es schon mal etwas zu lachen. In Geschichte behandeln wir schon die ganze Zeit den **Hundertjährigen** Krieg und **er** nimmt und nimmt kein Ende.

In den nächsten Ferien würde ich **euch / Euch** gerne besuchen. Schreib mir doch bitte, ob **ihr / Ihr** da seid und ein **freies** Bett habt.

Liebe Grüße von

Lisa

2

1. Was dem **einen** seine Eule, ist dem **anderen** seine Nachtigall.
2. Wir du **mir**, so ich **dir**.
3. Jedem das **Seine**.
4. Wenn ein Blinder den anderen führt, so fallen sie **beide** in den Graben.

Getrennt- und Zusammenschreibung 2

2.1 Trennung von Wörtern

1

Lauf-steg, Ge-mü-se, ko-chen, Koch-buch, Ra-dies-chen, Au-to-bahn, Feh-ler, Täu-schungs-ma-nö-ver, Kopf-kis-sen, Alp-traum, Traum-deu-tung, träu-men, Ga-bel, auf-ga-beln, Ga-bel-stap-ler, Stap-ler-fah-rer, Ver-kehr, Füh-rer-schein, schein-bar, aus-ko-chen, an-bie-ten, Ge-biet

2

einsilbig: Riss, Glück, Lied, Ei, fein, braun, zahm, Staub
zweisilbig: Las-ten, Mes-ser, Kri-mi, fei-ern, Au-to, Bli-cke, Lu-pe, Lei-ter, Eu-ter, Git-ter, Reue, Uhu, lei-hen, scheu-en, Trau-ung, Esel, ge-mein, Rei-he, zäh-men, oder, glau-ben

3

Lösungsvorschläge:
die Ris-se, des Glü-ckes, die Lie-der, die Ei-er, fei-ne, brau-ne, zah-me, des Stau-bes

2.2 Zusammengesetzte Nomen und Adjektive

1

Lösungsvorschläge:

-rad: Autorad, Lenkrad, Dreirad, Motorrad
-spiel: Gesellschaftsspiel, Kartenspiel, Gewinnspiel, Geschicklichkeitsspiel
-buch: Kinderbuch, Gebetbuch, Lesebuch, Handbuch
-tanz: Ausdruckstanz, Partnertanz, Bühnentanz, Eiertanz
-sport: Ballsport, Leistungssport, Ausdauersport, Kampfsport

2

Lösungsvorschläge:

lauf-: Lauftraining, Laufvogel, Laufband, Laufmasche
schreib-: Schreibstil, Schreibmaschine, Schreibfaulheit, Schreibhaltung
groß-: Großpackung, Großschreibung, Großhandel, Großmutter
voll-: Vollkommenheit, Vollendung, Vollständigkeit, Volldampf
über-: Überschlag, Übermut, Überfahrt, Übergabe
unter-: Unterhose, Unterwäsche, Unterlage, Unterkörper

3

b) handbreiter c) beißwütig d) fingerdickes e) nasskaltem f) hauptsächlich g) großspurige h) samtweichen i) putzmunter j) katzenfreundlich k) strohdumm l) federleicht m) tintenblauen n) rosarote o) Angstvoll

4

Raumschiff 2	Andockplatz 1	dunkelbraun
Raumschiff 3	Andockplatz 9	steinhart
Raumschiff 4	Andockplatz 8	bärenstark
Raumschiff 5	Andockplatz 2	blütenweiß
Raumschiff 6	Andockplatz 3	blitzschnell
Raumschiff 7	Andockplatz 4	riesengroß
Raumschiff 8	Andockplatz 5	wieselflink
Raumschiff 9	Andockplatz 6	taghell
Raumschiff 10	Andockplatz 7	butterweich

2.3 Verbindungen mit Verben

1

Lösungsvorschläge:
über: überzeugen, übersetzen, überlegen, übereilen
unter: unterschreiben, unterwerfen, unternehmen, untertauchen
an: angeben, ankommen, ankreiden, anbellen
auf: aufteilen, aufgeben, aufnehmen, aufladen
hin: hinsehen, hinsetzen, hinwerfen, hinnehmen
entgegen: entgegensetzen, entgegensehen, entgegenkommen, entgegeneilen
ab: ablaufen, abgeben, abrutschen, abwenden
zurück: zurücklaufen, zurücknehmen, zurückblättern, zurückblicken
wieder: wiedergeben, wiederbringen, wiederbeleben, wiederfinden

2

b) Freudestrahlend **kommt** Claudia ihrer Mutter **entgegen**. – **Trennbare Zusammensetzung**
c) Zur Freude der ganzen Familie **kommt** der Kater Felix **wieder**. – **Trennbare Zusammensetzung**
d) Mit seinem neuen Paddelboot **setzt** Jan zum ersten Mal ans andere Ufer **über**. – **Trennbare Zusammensetzung**
e) Amelie **übersetzt** den schwierigen Englischtext völlig fehlerfrei. – **Untrennbare Zusammensetzung**
f) Emine **hilft** dem Fremden bei der Suche nach einer Straße **weiter**. – **Trennbare Zusammensetzung**
g) Florian **wiederholt** ständig die Telefonnummer des neuen Mitschülers. – **Untrennbare Zusammensetzung**
h) Jule **holt** das ausgeliehene Buch von ihrer Freundin Yana **wieder**. – **Trennbare Zusammensetzung**

3

b) großgeschrieben c) gutschreiben d) gut schreiben e) fertig bekommen f) schwer gefallen g) weit zu springen h) gelangweilt i) freigelegt j) frei gesprochen k) freigesprochen l) ankam m) festlegen n) freistehenden o) fest drücken p) aufregt q) frohlocken r) anstrengenden s) heimlichtut

Test

1

	Zusammengesetztes Wort	Mehrsilbiges Wort
Stalllaterne	Stall-la-ter-ne	
müde		mü-de
Arbeit		Ar-beit
Aula		Au-la
Schulhof	Schul-hof	
Bergwanderung	Berg-wan-de-rung	
fleißig		flei-ßig
Vogelkäfig	Vo-gel-kä-fig	
Zucker		Zu-cker
Tischtuch	Tisch-tuch	
Angel		An-gel
geben		ge-ben
Geschenk		Ge-schenk
Auffahrt	Auf-fahrt	
Bratröhre	Brat-röh-re	
bräunen		bräu-nen
malen		ma-len
maulen		mau-len
Affen		Af-fen
gaffen		gaf-fen
schaufeln		schau-feln
Schneeschaufel	Schnee-schau-fel	
überall	über-all	
Eier		Ei-er

2

Die Dominosteine müssen in der folgenden Reihenfolge gelegt sein:
(1) Ober Haupt (2) Schul(e) Fest (3) Tag Traum (4) Paar Tanz
(5) Schuh Leder (6) Taschen Uhr (7) Werk Tage (8) Buch Druck (9) Maschinen Öl
(10) Preis Kampf (11) Sport Hallen (12) Dach Ziegel (13) Mauer Segler

3

Lösungsvorschläge:

unter**würfig**, neben**sächlich**, tod**sicher**, wider**sprüchlich**, gift**grün**, glas**klar**, wunder**voll**, rot**braun**, faust**dick**, daumen**groß**, schnee**weiß**, farb**los**, maus**grau**, raben**schwarz**, meter**dick**, zentner**schwer**

4

hinabspringen, anlegen, kaputtgehen, fertig bringen, herausschlagen, losgehen, hinunterfallen, aufdrehen, festbinden, herauskommen, auffressen, hindurchwandern, abreißen, davongehen, aufkratzen, sich glücklich schätzen, wegtragen, entgegenkommen, ansehen, sich anstrengen, nachdenken, anstellen, zusammenbekommen

Grammatik und Zeichensetzung

Wortlehre 3

3.1 Reflexiv-, Demonstrativ- und Indefinitpronomen

1

Personalpronomen: wir, sie, wir, wir, es, ihnen, mich, wir, es, wir, wir, wir, es
Possessivpronomen: Unser, Unser, unser, Unsere, unsere, meine, unserer, unseren
Reflexivpronomen: uns, miteinander, sich, uns, miteinander, uns
Demonstrativpronomen: solche, dieses
Indefinitpronomen: niemand, alle, viele, mehrere, jemand, aller

2

Irgendjemand hatte mir schon vor einiger Zeit ein Kochbuch zum Geburtstag geschenkt, und ich hatte **mich** auch bestimmt freundlich dafür bedankt. Dann war das schöne Kochbuch in einer Regalecke langsam verstaubt, und **niemand** hatte es jemals wieder angerührt. Jetzt aber erinnerte ich **mich** daran, wir setzten **uns** aufs Sofa und lasen **einander** abwechselnd aus **diesem** wunderbaren Kochbuch vor. **Diejenige** von uns, die gerade nicht vorlas, schrieb **alle** Zutaten auf, von denen wir noch nie gehört hatten. Wir wollten dann **diese** Zutaten im Lexikon nachschlagen.

Tja, wir gaben **uns** große Mühe, lernten eine Menge **voneinander**, und schließlich waren wir bereit für das große Kochabenteuer.
Tja, hier kannst du **dir** ein Bild vom Ergebnis machen. **Dieses** schwarze Brett hier ist mal ein Gemüsegratin gewesen, **jener** schwarze Brocken dort ist die marinierte Lammkeule. **Niemand** hat **sich** nämlich mehr um den Backofen gekümmert, nachdem wir gegen Mitternacht schließlich **alles** dort hinein geschoben hatten und kurze Zeit später schon eingeschlafen waren.

3

a) miteinander / sich b) derjenige / vieles c) Dieses / jenes d) Manche / allem / Solche e) derjenige f) sich /diesem g) voneinander h) miteinander / uns i) dasselbe / mir

3.2 Interrogativ- und Relativpronomen

1

Lösungsvorschläge:

Wer weiß schon, **was** solch ein seltsamer Mensch vorhat.
Der Herr im Anzug, um **dessen** Hemdkragen sogar eine Krawatte sorgfältig gebunden ist, möchte nur den Luftdruck in den Rollerreifen prüfen.
Ich überlege die ganze Zeit, **woran** mich dieser seltsame Mann erinnert.
Der Mann packt das Luftdruckgerät, **das** über einer Luftdruckleitung hängt, und überlegt, **an welcher** Stelle des Rades er wohl den Luftdruck prüfen und **wohin** er den Schlauch stecken kann.
Was für ein Stress!
Der Roller, **der** Räder mit verchromten Speichen besitzt, fällt schließlich dem armen Mann auf die Füße, **an denen** er nagelneue Lackschuhe trägt.
Ich weiß nicht, **worüber** sich der Mann am meisten ärgert – über das Luftdruckgerät, **mit dem** er nicht zurecht kommt, oder über den Roller, **dessen** scharfe Lenkerkante sich in seinen Fuß bohrt.
Na ja, **was** soll ich euch sagen: Ganz plötzlich warf er das Luftdruckgerät zur Seite und schoss mit einem Tempo, **das** jedem Sportwagen große Ehre gemacht hätte, davon.
Wer von euch glaubt mir diese verrückte Geschichte?

2

Subjekt: wer, das, der, das, wer
Objekt: was
Präpositionales Objekt: worüber, mit dem

Adverbiale Bestimmung: an denen
Attribut: an welcher, was für ein, dessen

3

Interrogativpronomen	Zugehöriges Nomen/Pronomen
d) was für	Bücher
e) wer	—
g) in welchen	Fächern
i) welche	Grammatikthemen
j) womit	es

Relativpronomen	Zugehöriges Nomen/Pronomen
c) denen	die
f) in deren	Schülern
g) wer	—
h) bei dem	der Geschichtsunterricht

Test

1

Lösungsvorschläge:

1. Ich wasche **mich**.
2. **Alle** applaudieren.
3. Sie umarmen **sich**.
4. Sie lehnen sich **aneinander**.
5. Ich frage mich, **wer** da gerade an die Tür geklopft hat.
6. Sie streiten **miteinander**.

2

Lösungsvorschläge:

b) Wenn **jemand** die Reportage liest, soll er die beschriebenen Ereignisse miterleben.
c) **Solche** Ereignisse müssen also sehr anschaulich dargestellt werden.
d) Der Leser muss auch Antwort auf die Frage bekommen, **wer** daran beteiligt war.
e) **Niemand** kann ohne Sprachgefühl eine gute Reportage schreiben.
f) Wenn **niemand** diese Ereignisse verstehen kann, ist die Reportage misslungen.
g) Wenn zwei Menschen über **dasselbe** Ereignis schreiben, können dabei ganz verschiedene Reportagen herauskommen.

h) **Manche** Reportagen werden auch über Reisen in ferne Länder verfasst.
i) **Solche** Reportagen nennt man auch Reiseberichte.
j) **Irgendjemand** hat einmal gesagt, Reportagen müssten als Filme im Kopf ablaufen.
k) Ich erinnere **mich** gut an eine Reportage über die Durchquerung der Sahara.
l) Ich war begeistert, **was für eine** spannende Reise dies war.
m) Ein Mann, **dessen** einziger Begleiter ein Kamel war, hat ganz allein diese Wüste durchquert.

4 Modus

4.1 Der Konjunktiv

1

b) Imperativ c) Indikativ / Konjunktiv I d) Indikativ e) Imperativ
f) Konjunktiv II g) Konjunktiv II h) Indikativ i) Indikativ / Konjunktiv I
j) Konjunktiv II

2

b) Ich läse es auch vor, wenn ich das Märchenbuch nicht vergessen hätte. – **Konjunktiv II, 1. Person Singular**
c) Wenn die Armut der Eltern nicht so groß gewesen wäre, hätten Hänsel und Gretel nicht das Abenteuer mit der Hexe gehabt. – **Konjunktiv II, 3. Person Singular / Konjunktiv II, 3. Person Plural**
d) Ihre Stiefmutter glaubte, das Geld reiche nicht für alle. – **Konjunktiv I, 3. Person Singular**
e) Sie sagte zu ihrem Mann, sie habe schon vor einiger Zeit eine tolle Idee gehabt. – **Konjunktiv I, 3. Person Singular**
f) Wenn die beiden Kinder fort wären, hätten sie genug zum Leben. – **Konjunktiv II, 3. Person Plural**
g) Wenn sie diese Idee schon früher gehabt hätte, wären die Kinder schon längst nicht mehr da. – **Konjunktiv II, 3. Person Singular / Konjunktiv II, 3. Person Plural**
h) Der Vater erwiderte, er sei nicht gerade begeistert von dieser Idee und er wolle lieber Überstunden beim Holzhacken machen als die armen Kinder fortschicken. – **Konjunktiv I, 3. Person Singular**

i) Wenn die Stiefmutter nicht so hartnäckig gewesen wäre, wäre die Geschichte ganz anders verlaufen. – **Konjunktiv II, 3. Person Singular**

j) Auf dem Weg durch den Wald flüsterte Hänsel, er habe Angst, und Gretel, sie befürchte das Schlimmste und habe die Stiefmutter noch nie leiden können. – **Konjunktiv I, 3. Person Singular**

k) Die Hexe fragte aus dem Inneren des Hexenhauses, wer denn da angeklopft habe. – **Konjunktiv I, 3. Person Singular**

l) Die beiden Kinder sagten, sie hätten sich im Wald verlaufen und wüssten den Heimweg nicht mehr. – **Konjunktiv II, 3. Person Plural**

m) Könntest du dieses Märchen bitte nacherzählen. – **Konjunktiv II, 2. Person Singular**

n) Würdet ihr euch bitte bis zur nächsten Stunde über die Gebrüder Grimm informieren. – **Konjunktiv II, 2. Person Plural**

4.2 Indirekte Rede

1

Lösungsvorschläge:

a) (…)
Er sei gestern gegen einen Bordstein gefahren, als seine Freunde und er ein Rennen veranstaltet hätten. Sein Vorderrad sei total verbogen.

b) Der Fahrradhändler antwortete ihm, das sehe aber übel aus. Bei wem habe er denn dieses Billigrad gekauft? Er fürchte, dass er ein ganz neues Vorderrad brauche.

c) Stefan erwiderte, das werde doch bestimmt teuer. Seine Freunde hätten ihm gesagt, das könne man wieder zurechtbiegen. Warum gehe das denn nicht?

d) Der Fahrradhändler forderte ihn auf, er solle sich doch mal im Laden umsehen. Zum Beispiel habe das Fahrrad in der Ecke viel stärkere Felgen als Stefans Rad. Und wenn daran mal was krumm werden sollte, dann könne man meist noch was machen. Aber seines sehe ja vorne ganz verknittert aus. Das kriege er wohl nicht mehr hin.

e + f) Auf Stefans Frage, wie teuer denn ein gutes neues Vorderrad bei ihm sei, antwortete der Fahrradhändler, das fange bei 50 Euro an. Aber wenn sie häufig solche Rennen fahren würden, sollte er besser das Vorderrad dort für 80 Euro nehmen.

g) Stefan bemerkte dazu, so oft würden sie das auch nicht machen. Jetzt werde er bestimmt vorsichtiger fahren.

Test

1

Lösungsvorschläge:

b) Dieser Vorfahre **sei** ein riesiger Orang-Utan **gewesen**.

c) Wenn sie nicht in China ungewöhnlich große Zähne **gefunden hätten**, **wären** die Wissenschaftler nie auf die Spur dieses Monsters **gekommen**.

d) Früher glaubten viele Chinesen, es **handle** sich bei diesen Zähnen um Drachenzähne.

e) Wenn sich nicht einige Wissenschaftler genauer mit diesen Zähnen **beschäftigt hätten**, **würden** viele Chinesen heute noch an Drachenzähne **glauben**.

f) Wissenschaftler berichten, inzwischen **hätten** sie schon sehr viele Überreste des ausgestorbenen Riesenaffen **entdeckt**.

g) Der Affe **habe** ein Körpergewicht von mehr als 500 Kilogramm **besessen**, und der Durchmesser eines Backenzahns **habe** 25 mm **betragen**.

h) Manche Chinesen erzählen, die Entdeckung des Riesenaffen **habe** das Denken der Bevölkerung **verändert**, ihre Vorfahren **hätten** nämlich die Affenzähne früher als eine Art Zaubermedizin **benutzt**.

i) Heute erklären viele Chinesen, sie **wollten** den Film über King Kong sehen.

j) Vielleicht haben sie die Hoffnung, sie **könnten** verzaubert werden.

2

Lösungsvorschläge:

2. **Bine** erwiderte ihr, sie sei gerade erst aus dem Flieger geklettert, und fragte sie dann, wie es bei ihr im Urlaub gewesen sei.
3. **Babsi** berichtete, sie könne sich nicht beschweren. Sie seien tief unten in Afrika gewesen, und sie sitze gerade auf einer von den tollen Trommeln, die die afrikanischen Freunde ihnen geschenkt hätten. Dann wollte sie wissen, was Bine und ihre Familie gemacht hätten.
4. Nun erzählte **Bine**, sie seien kurz entschlossen für fünf Wochen zum Tauchen vor der australischen Küste weg gewesen. Es sei gar nicht so übel gewesen.
5. **Babsi** trumpfte nun auf, das sei bestimmt interessant gewesen. Bei ihnen habe es Trommelkurse, Safaris und Dschungelmarathon gegeben. Das sei aber nur was für Leute mit starken Nerven.
6. **Bine** erwiderte darauf, da hätte sie ja bestimmt für die nächsten Jahre vom Wald die Nase voll. Delphinreiten, tägliche Haifütterung und besonders das Tauchen seien ein richtiges Hobby ihrer Familie geworden. Deshalb flögen sie in den Herbstferien auch schon wieder runter."
7. **Babsi** giftete zurück, ob sie sich nicht ein Aquarium anschaffen wolle. Dann könne sie immer Fische gucken. Wär' billiger.

8. **Bine** antwortete spitz, sie sollten doch zusammen noch mal in den Zoo gehen. Dann hätten sie beide Urlaub – Babsi ihren Dschungel und sie ihr Aquarium.

Satzlehre 5

5.1 Subjekt- und Objektsätze

1

b) Frageprobe: Womit bin ich gerade beschäftigt? – **präpositionaler Objektsatz**
c) Frageprobe: Wen oder was weiß ich noch nicht genau? – **Objektsatz (Akkusativobjekt)**
d) Frageprobe: Worauf freue ich mich? – **präpositionaler Objektsatz**
e) Frageprobe: Wen oder was kann ich kaum glauben? – **Objektsatz (Akkusativobjekt)**
f) Frageprobe: Wer oder was war eine ganz tolle Idee? – **Subjektsatz**
g) Frageprobe: Wer oder was war keine gute Idee? – **Subjektsatz**

2

Lösungsvorschläge:

b) Man muss sich zum Beispiel davor schützen, **von giftigen Insekten gestochen zu werden.** – **Infinitivsatz**
c) Man sollte sich genau informieren, **welche Gefahren möglich sind.** – **Indirekter Fragesatz**
d) Am besten fragt man erfahrene Dschungelreisende danach, **wie man sich vor gefährlichen Stichen am wirksamsten schützt.** – **Indirekter Fragesatz**
e) Wir planen jetzt, **tief ins Innere des Amazonasgebiets zu reisen.** – **Infinitivsatz**
f) Wir bereiten uns darauf vor, **dass es regnet und sehr heiß wird.** – **dass-Satz**
g) Wir verzichten natürlich darauf, **frische Lebensmittel mitzunehmen.** – **Infinitivsatz**
h) **Das gesamte Gepäck zu transportieren,** wird ein großes Problem. – **Infinitivsatz**
i) Wir erwarten, **viele seltene Tiere zu beobachten und unbekannte Pflanzen zu entdecken.** – **Infinitivsatz**
j) **Der ersten Riesenschlange zu begegnen,** wird sicherlich sehr spannend sein. – **Infinitivsatz**

5.2 Adverbialsätze

1

Lösungsvorschläge:

b) **Während sie zum Mond reiste,** lernte sie keine neuen Leute kennen.
Frageprobe: Wann lernte sie keine neuen Leute kennen? – **Temporalsatz**

c) **Obwohl sie nur ein geringes Taschengeld bekam,** konnte sie sich ein neues Fahrrad kaufen.
Frageprobe: Warum ist es ungewöhnlich, dass sie sich ein neues Fahrrad kauft? – **Konzessivsatz**

d) Christine informiert sich über die neuen Hausaufgaben, **indem sie bei ihrer Freundin anruft.**
Frageprobe: Wie informiert sich Christine über die neuen Hausaufgaben? – **Modalsatz**

e) Der kleine Hund zittert, **weil eine riesige Dogge laut bellt und bedrohlich knurrt.**
Frageprobe: Warum zittert der kleine Hund? – **Kausalsatz**

f) Ein Hund muss erzogen werden, **um sich in einer Familie richtig zu verhalten.**
Frageprobe: Wozu / zu welchem Zweck muss ein Hund erzogen werden? – **Finalsatz**

2

Lösungsvorschläge:

b) Wir packen warme Sachen ein, **weil schlechtes Wetter vorhergesagt ist.** – **Kausalsatz**

c) Wir verlassen den Hafen, **obwohl Sturm angekündigt ist.** – **Konzessivsatz**

d) Wir bereiten uns auf den Sturm vor, **indem wir die Segel einholen.** – **Modalsatz**

e) Der Sturm wurde stärker als erwartet, **sodass wir Rettungswesten anlegten und uns anleinten.** – **Konsekutivsatz**

f) Wir waren sehr erleichtert, **weil wir den Sturm überstanden hatten.** – **Kausalsatz**

g) Wir machten uns landfein und zogen unsere besten Sachen an, **um in einem Restaurant essen zu gehen.** – **Finalsatz**

Test

1

Lösungsvorschläge:

b) Er musste ein schwieriges Formular ausfüllen, **um teilnehmen zu dürfen.** – **Finalsatz / Adverbialsatz**

c) Er trainierte intensiv, **indem er Meisterspiele nachspielte. – Modalsatz / Adverbialsatz**

d) Er glaubte fest daran, **beim Schachturnier zu gewinnen. – Infinitivsatz / präpositionaler Objektsatz**

e) Er wusste nicht, **wann es genau begann. – Indirekter Fragesatz / Objektsatz**

f) Er fühlte sich ziemlich unbehaglich, **weil er der jüngste Teilnehmer war. – Kausalsatz / Adverbialsatz**

g) Er war sehr aufgeregt, **sodass seine Hände schwitzten. – Konsekutivsatz / Adverbialsatz**

h) Er wäre am liebsten wieder gegangen, **obwohl er schachbegeistert war. – Konzessivsatz / Adverbialsatz**

i) Viele alte Männer saßen ernst an großen Tischen, **als er in die Halle eintrat. – Temporalsatz / Adverbialsatz**

j) Er konnte es kaum glauben, **dass er das Schachturnier gewonnen hatte. – dass-Satz / Objektsatz**

k) Es war ja auch eine ganz besondere Leistung, **bei einem solchen Turnier zu gewinnen. – Infinitivsatz / Subjektsatz**

Zeichensetzung 6

6.1 Kommasetzung bei Infinitiv- und Partizipgruppen, bei Datums- und Adressangaben

1

Am Mittwoch, den 1. April 1985, kurz vor acht Uhr(,) stand Claudio, ziemlich angespannt und nervös um sich schauend, vor der Hundeschule in Köln, Augustastraße, um an der großen Hundeleistungsprüfung teilzunehmen.
Ebenfalls aufgeregt und ein wenig zitternd vor Kälte, so kauerte neben ihm sein kleiner Mischlingsrüde Fips, ohne auch nur eine Sekunde den Blick von seinem Herrchen abzuwenden. Um den aufgeregten jungen Hund zu beruhigen, hielt ihm Claudio immer wieder ein kleines Stück Hundekuchen vor die Nase. Er hatte nämlich die Befürchtung, wegen der Nervosität von Herr und Hund bei der Prüfung durchzufallen.
Plötzlich erhielt er, sich instinktiv zusammen krümmend, einen gewaltigen Schlag gegen den Rücken. Eine riesige Dogge versuchte, ihn von hinten anspringend, den Hundekuchen aus seiner Hand zu reißen.

Auf dem Boden liegend(,) schaffte er es gerade noch, seinen Fips von der Leine zu lassen und ihn damit vor der wilden Dogge zu schützen.
Dem kleinen Fips gelang es, die Zähne fletschend und gefährlich knurrend, seinen Hundekuchen vor der Dogge in Sicherheit zu bringen.
Am selben Tag noch, gegen 12.30 Uhr(,) nahm Claudio, vor Freude strahlend, die Urkunde in Empfang.
Er war sehr stolz, sie bald allen Freunden zeigen zu können.
Fips, jetzt wieder ganz entspannt, freute sich am meisten darauf, seinen Hundekuchen in Ruhe und alleine auffressen zu können.
Erleichtert und gesättigt, so kamen beide schließlich zu Hause an.

2

Einleitungen: um, ohne, um,
Hinweise: es, es, darauf
Infinitivgruppe als Attribut: Befürchtung, stolz

6.2 Semikolon und Doppelpunkt

1

Lösungsvorschläge:

b) Drei Freunde beschließen, eine Weltreise zu machen,
alle anderen Mitschüler planen nur einen Urlaub an der Nordsee.

c) Drei Freunde beschließen, eine Weltreise zu machen;
von der Schule wollen sie nämlich nichts mehr hören und sehen.

d) Drei Freunde beschließen, eine Weltreise zu machen, packen viele Koffer, kaufen Karten, Moskitonetze und Sonnencreme:
Kurz gesagt, sie bereiten ihre Reise gründlich vor.

e) Drei Freunde beschließen, eine Weltreise zu machen.
Der Wetterbericht kündigt ein Dauerhoch über ganz Europa an.

f) Drei Freunde räumen ihre Kleiderschränke leer:
Sie wollen offenbar eine Weltreise machen.

g) Drei Freunde beschließen, eine Weltreise zu machen;
sie haben auch schon viele Bücher von berühmten Weltreisenden wie Thor Heyerdahl oder Marco Polo gelesen.

2

Lösungsvorschläge:

b) Oliver will nach Afrika, Ansgar nach Australien und Melanie nach Südamerika: Alle wollen also ganz weit weg.
c) Melanie sagt zu Oliver: „ Warum willst du unbedingt nach Afrika?"
d) Oliver ist gut in Französisch, Ansgar gut in Englisch und Melanie gut in Spanisch: Es sind also drei sprachbegabte Freunde.
e) Drei Freunde planen eine Weltreise: Sie wollen also endlich mal was erleben.

Test

1

Lösungsvorschläge:

b) Drei Freunde studieren eine Weltkarte: Sie machen bald eine Weltreise. – **Schlussfolgerung**
c) Drei Freunde planen eine Weltreise, ohne an ihr Alter zu denken. – **Infinitivgruppe mit einleitendem Wort**
d) Drei Freunde, über Karten brütend, vergessen das Essen. – **Partizipgruppe als nachgestellter Zusatz**
e) Vor Begeisterung, die weite Welt zu sehen, können sie nachts kaum noch schlafen. – **Infinitivgruppe als Attribut**
f) Am Montag, den 1. April 2007, genau um 12.00 Uhr (,) erfuhr Oliver von seinem Lottogewinn. – **Datumsangabe**
g) Ansgar hörte am Telefon von Oliver nur Wörtersalat: Da musste etwas Schlimmes oder Tolles passiert sein. – **Schlussfolgerung**
h) Oliver konnte kaum sprechen; so überrascht war er. – **Mittlere Trennung**
i) Oliver machte Freudensprünge, Ansgar stieß Freudenschreie aus, und Melanie tanzte auf dem Tisch: Die drei Freunde waren völlig aus dem Häuschen. – **Zusammenfassung**
j) Alle Drei riefen immer wieder im Chor: „Wir machen eine Weltreise!" – **Wörtliche Rede**

Texte schreiben und lesen

7 Texte schreiben

7.1 Inhaltsangabe

2

2. Sinnabschnitt: Er verzaubert einen Besen in einen Wasserträger. (Vers 9–36)
3. Sinnabschnitt: Der Wasserträger kann nicht mehr gestoppt werden. (Vers 37–40)
4. Sinnabschnitt: Der Zauberlehrling hat das Zauberwort vergessen und bekommt Angst und Wut. (Vers 41–57)
5. Sinnabschnitt: Das Haus wird überflutet. (Vers 58–73)
6. Sinnabschnitt: Die Zerstörung des Besens misslingt. (Vers 74–88)
7. Sinnabschnitt: Der Meister stoppt die Besen. (Vers 89–98)

3

Lösungsvorschlag:

(...) einem Zauberlehrling, der es seinem Meister gleichtun will und schließlich vom Meister vor den Folgen seiner Zauberei gerettet werden muss.

4

a) Welche Personen (Wer?) kommen vor?
Zauberlehrling, Hexenmeister

b) Welche Beziehung haben sie zueinander?
Der Hexenmeister steht wegen seines größeren Wissens über dem Zauberlehrling, der Lehrling möchte es diesem aber gleichtun.

c) Was geschieht?
Der Zauberlehrling verwandelt einen Besen in einen Wasserträger, den er dann nicht mehr stoppen kann. Erst der Hexenmeister hebt den Zauber auf.

d) Wo und wann geschieht es?
Es geschieht tagsüber im Haus des Hexenmeisters und in dessen Umgebung.

e) Wie geschieht es?
Der Besen wird mit einem Zauberspruch verzaubert und schleppt eilig Wasser herbei. Der Zauberlehrling ist einerseits verzweifelt und andererseits wütend, weil er ihn nicht mehr stoppen kann. Der Meister verwandelt wegen der Rufe des Lehrlings die Wasserträger mit einem kurzen Zauberspruch wieder in einen Besen.

5

a) **Falsch:** Nur der Inhalt des literarischen Textes, nicht seine Wirkung gehören in eine Inhaltsangabe.
b) **Richtig:** Dies ist die knappe und sachliche Zusammenfassung eines wichtigen Teils der Handlung.
c) **Falsch:** Die Zeitform einer Inhaltsangabe ist das Präsens.
d) **Falsch:** Eine Inhaltsangabe enthält keine wörtliche Rede.
e) **Richtig:** Hier wird ein wesentlicher Teil der Handlung zusammengefasst.
f) **Falsch:** Eine Inhaltsangabe soll keine Spannung erzeugen.
g) **Falsch:** Eine Inhaltsangabe soll keine Spannung erzeugen.
h) **Falsch:** Die Zeitform der Inhaltsangabe ist das Präsens.
i) **Falsch:** Wörtliche Rede und ausschmückende Formulierungen gehören nicht in eine Inhaltsangabe.
j) **Richtig:** Eine wichtige Äußerung wird knapp und in der Form der indirekten Rede wiedergegeben.
k) **Falsch:** Ausschmückende Formulierungen („plötzlich", „verzweifelte", „inständig") gehören nicht in eine Inhaltsangabe.
l) **Richtig:** Hier wird der Schluss der Handlung sachlich und in der richtigen Zeitform (Präsens) wiedergegeben.
m) **Falsch:** Ausschmückende Formulierungen („große", „gewaltiger") gehören nicht in eine Inhaltsangabe.

6

Lösungsvorschlag:

(…) es diesem gleichtun und zaubern. Er verzaubert einen Besen in einen Wasserträger und befiehlt ihm, Wasser zu holen. Nachdem dieser in kurzer Zeit genügend Wasser herangeschleppt hat, schafft es der Zauberlehrling nicht, ihn wieder anzuhalten. Auch sein verzweifelter und wütender Versuch, den Besen mit einem Beil zu zerstören, schlägt fehl: Aus dem gespaltenen Besen werden sofort zwei Wasserträger. Der zurückgekehrte Meister verwandelt die Wasserträger mit einem knappen Zauberspruch wieder in einen Besen zurück.

7.2 Kreative Arbeit mit literarischen Texten

1

b) Auch hier versuchen Vater und Sohn wie zu Beginn der Geschichte, es einem Kritiker recht zu machen. Sie haben offenbar kein Selbstbewusstsein und stehen nicht für das ein, was sie gerade tun.

In a) und c) gibt es keine fremde Kritik, sondern nur eine Bitte bzw. einen Vorschlag, dem auch kein unsinniges Verhalten von Vater und Sohn folgt.

2

c) Vater und Sohn wollen es allen Kritikern recht machen und verhalten sich schließlich völlig unsinnig.

3

Lösungsvorschlag:

(…) Als sie an der ersten Ampel anhielten, beugte sich ein junger Mann zu ihnen hinunter und machte sich darüber lustig, dass sich der Sohn von seinem Vater in der Gegend herumkutschieren lasse. Darauf fuhren die beiden auf den nächsten Parkplatz und tauschten die Plätze. Kurze Zeit später regte sich ein älterer Mann darüber auf, dass der Sohn so knapp vor einem Zebrastreifen angehalten habe. Er solle doch lieber seinen vernünftigen Vater ans Steuer lassen. Der Vater quetschte sich nun auf den Schoß des Sohnes und steuerte den Wagen durch die Straßen. An einer belebten Kreuzung hielt sie ein Polizist an und verpasste dem Vater ein saftiges Bußgeld wegen Gefährdung des Straßenverkehrs. Vater und Sohn wussten nicht mehr ein noch aus und schoben ihr Auto schwitzend vor sich her. Da konnten sich es viele nicht verkneifen, ihnen zuzurufen: „Wer sein Auto liebt, der schiebt!". Mit den Nerven völlig am Ende, bestellten die beiden einen Abschleppwagen und ließen ihr Auto nach Hause schleppen.

4

Lösungsvorschlag:

(…) Vater saß auf unserem Esel und ich lief fröhlich nebenher. Ich wollte meinem Vater ja auch beweisen, wie fit ich war. Plötzlich tauchte ein fremder Mensch auf und beschimpfte meinen Vater, dass er seinen armen Sohn zu Fuß gehen und sich selbst faul vom Esel tragen lasse. Mein Vater wurde doch tatsächlich rot, sprang vom Esel hinab und ließ mich aufsitzen.

Nach einiger Zeit kam schon wieder so eine Nervensäge und hielt mir eine Standpauke, wie ich denn als junger kräftiger Mensch meinen müden alten Vater einfach nebenher laufen lassen könne. Um meine Ruhe zu haben, zog ich also meinen Vater zu mir hinauf, und so hockten wir nun beide ziemlich unbequem auf unserem kleinen Esel.

Aber auch das wurde uns nicht gegönnt. Der nächste Spaziergänger wusste es schon wieder besser und beschimpfte uns doch wahrhaftig als Tierquäler. Vater und ich sahen uns entnervt an, wir sprangen ab, tätschelten dem Esel verlegen die Nase und gingen nun beide zu Fuß weiter.

Eigentlich war ich jetzt ganz froh. Denn nun konnte ich endlich wieder laufen. Aber meine Freude dauerte nicht lange. Denn da meckerte schon wieder jemand, ob es nicht genug sei, wenn zwei von uns dreien liefen. Mein Vater bekam einen irren Blick, forderte mich auf, dem Esel die Beine zusammenzubinden, einen Pfahl hindurch zu schieben und ihn auf unseren Schultern nach Hause zu schleppen. Jetzt bekam ich richtig Sorge um die seelische Gesundheit meines Vaters, tat alles, wie er mir befohlen, und hoffte, er würde nicht komplett durchdrehen.

7.3 Bericht und Reportage

1

a) Ein ungewöhnliches Ferienerlebnis
c) Zu Fuß durch die Sahara
f) Gerettet von Tuaregs
g) 48 Stunden im Sandsturm

Begründung: Nur diese Themen beziehen sich auf ein bzw. mehrere besondere Ereignisse. Alle anderen Themen beziehen sich auf allgemeine Informationen und nicht auf Einzelereignisse.

2

a) Informationen zu den W-Fragen
- Start in Clermont- Ferrand in den Cevennen (Wo?)
- 3 Freunde (Ich-Erzähler, Jonas, Benni) mit Bennis Vater mit Fahrrad und Zelt in Südfrankreich (Wer? Wo?)
- 4. August 2006, 8. Reisetag (Wann?)

b) Hintergrundinformationen/Vorgeschichte
- zunehmende Hitze
- zum Weiterfahren zu heiß
- heute: unerträgliche Schwüle
- Meldung im Radio: heftige Regenfälle, Sturm
- Campingplatz besondere geografische Lage in Gebirgskessel – bekannt für heftige Unwetter

c) Andeutungen einer spannenden Fortsetzung
- rapide sinkendes Barometer
- schwarze Wolken türmen sich
- Grummeln in der Ferne
- sorgenvoller Blick auf kleinen Bach neben dem Campingplatz
- feuchte Hitze klebt am Körper
- Luft im Zelt muffig und schwül

- fauliger Geruch in der Luft
- Sandböen prasseln gegen das Zeltdach
- erste Sturmböen reißen an den Zeltschnüren
- Rauschen des Regens geht in Tosen über
- Gebirgsbach wird zu brauner Sturzflut
- wir hechten den Berg hinauf
- alle schauen entgeistert auf Naturgewalt

3

Lösungsvorschlag:

Einleitung

(...) Wir sind in Clermont-Ferrand gestartet und dann bergauf und bergab durch die Berge geradelt. Ganz schön heiß war es, und es wurde sogar immer noch heißer. Am 4. August schließlich, dem 8. Tag unserer Tour, war es so unerträglich geworden, dass wir schon am frühen Nachmittag auf einen Campingplatz in einem schattigen Tal einbogen. Wir brauchten einen Ruhetag.

Hauptteil

Es war unerträglich schwül, und auf einem kleinen Weltempfänger hörten wir, dass es heftige Regenfälle und Sturm geben sollte. Beim Zeltaufbauen erzählte unser Nachbar, dass der Campingplatz in einem Gebirgskessel liege, der bekannt für heftige Unwetter sei. „Das sind ja schöne Aussichten", murmelte Benni. „Na los, dann beeilt euch mal mit den Zelten. Ich schau rasch auf das Barometer am Eingang", rief Bennis Vater und lief schon mit großen Schritten los. „Das Barometer fällt und fällt und fällt. Das gibt ein ganz schönes Donnerwetter!", rief er uns schon von weitem zu und fing sofort an, alle Leinen auf die richtige Spannung zu überprüfen.
In der Ferne beginnt ein deutliches Grummeln, schwarze Wolken türmen sich auf, und wir alle schauen wie auf Kommando sorgenvoll auf den kleinen Bach neben dem Campingplatz. „Solche Bäche können im Gebirge in Minuten zu reißenden Strömen werden!", doziert Jonas zu allem Überfluss noch. Aber das wissen wir auch. Und uns ist gar nicht wohl dabei.
Feuchte Hitze klebt uns am Körper, im Zelt ist es muffig und schwül, und ein fauliger Geruch liegt in der Luft. Da reißen plötzlich erste Sturmböen an den Zeltschnüren und lassen Sandböen gegen das Zeltdach prasseln. Und dann tobt das Unwetter los. Es donnert und blitzt, der Regen klatscht und ein fürchterlicher Sturm peitscht gegen unsere kleinen Zelte. Das Rauschen des Regens geht rasch in ein Tosen über. Wir schauen hinaus und da kommt er schon: Der Gebirgsbach ist zu einer braunen Sturzflut geworden. Wir sind wie erstarrt. Da schreit plötzlich Jonas: „Raus hier! Schnell weg!" Wir schwingen uns auf die Räder, lassen alles stehen und liegen und hechten den Berg hinauf. Unten brodelt das Wasser, und eine Minute später treiben unsere Zelte wie hilflose Tiere davon.

Auch die anderen Camper konnten sich im letzten Moment retten. Alle schauten wir entgeistert auf die Naturgewalt unter uns. Keiner merkte, dass wir schon längst bis auf die Haut nass waren.

Schluss

Benni fasste sich als erster und schlug vor: „Auf ins nächste Gasthaus! Ich muss duschen." Da begann ein ansteckendes Lachen, ein donnerndes Gelächter sozusagen. Und deshalb verzog sich sicher auch das Gewitter so schnell, wie es gekommen war. Und als Bennis Vater dann noch hinzufügte: „Ich spendiere neue Zelte", da wurde uns klar, dass der Urlaub irgendwie weitergehen würde.

Test

1

Lösungsvorschlag:

Einleitung

(...), bei dem jemand zu Unrecht eines Mordes beschuldigt und schließlich durch die moralische Standhaftigkeit des wirklichen Täters freigesprochen wird.

Hauptteil

Zwei Männer geraten in einen heftigen Streit, bei dem der eine dem anderen massiv droht. Am selben Abend noch wird der so Bedrohte erschossen aufgefunden. Sein Kontrahent wird sofort festgenommen, weil mehrere Leute seine Äußerungen bezeugen können. In einer Gerichtsverhandlung sollen nun zwölf Geschworene ein einstimmiges Urteil fällen. Vor einem solchen Urteil dürfen sie den Sitzungssaal nicht verlassen und nichts essen. Dies ist im England des 18. Jahrhunderts Gesetz.
Obwohl sich elf Geschworene rasch auf die Schuld des Angeklagten einigen, bleibt der zwölfte, ein Edelmann, trotz vieler Überzeugungsversuche der anderen bei seinem „Unschuldig". Da es schon Nacht ist, und alle sehr hungrig sind, stimmen schließlich auch diese elf seiner Meinung zu.
Der König bittet den Geschworenen mit der abweichenden Meinung daher zu sich, und dieser erklärt ihm, dass er selbst durch einen unglücklichen Zufall den Mann getötet habe. Er habe aber für diesen unglücklichen Zufall keine Zeugen und daher den wahren Sachverhalt nicht zugeben können. Er habe aber den unschuldig Angeklagten auch nicht verurteilen wollen.

Schluss

Da der König dem Edelmann versprochen hat, dass ihm eine ehrliche Antwort nicht schaden würde, wird dieser begnadigt.

2

Lösungsvorschlag:

(…) Guck mal, da schleppt er ja gerade einen schweren Sack zur Mühle. Die Arbeit könnten wir ihm doch mal ein bisschen leichter machen.

(Beide schleichen sich von hinten an, jeder macht einen Schnitt in den Sack des Bauern, sodass das Korn herausrinnt.)

MORITZ *(flüsternd)*: So, die Sache ist geritzt!

(Max und Moritz wollen sich gerade hinter einem Baum verstecken.)

BAUER *(sich verwundert umdrehend)*: Zapperment! Dat Ding werd lichter. … Aha, erwischt. Hab' ich euch, ihr Lumpen! Diese Späße werd ich euch aber gründlich verderben! *(Packt Max und Moritz in einen großen Sack.)*

MAX: Mir ist ganz flau im Magen.

MORITZ: Verdammt schwül hier drin. Was der wohl mit uns vorhat?

MAX: Bestimmt nichts Gutes.

BAUER: Meister Müller, he, heran! Mahl er das, so schnell er kann!

MÜLLER: Her damit! *(Schüttet den Sack in den Mühltrichter.)*

MAX UND MORITZ: Nein! Nein! Wir machen's doch nie wieder!

(Müller geht ungerührt weg, Max und Moritz verschwinden im Mühlgetriebe und kommen klein geschrotet hinten wieder hinaus.)

HÜHNER: Gack! Gack! Gaaaaaaaaaaaaack! *(picken den Schrot auf.)*

3

Lösungsvorschlag:

(…) in stockdunkler afrikanischer Nacht einen fremden Fluss hinauf, da ist an Ausschlafen nicht zu denken. Bei dieser schwierigen Fahrt über den Gambia River muss ich als Kapitän selbst auf der Brücke sein. Es ist sechs Uhr, vor mir steht ein Becher Kaffee in Reichweite, und ich beobachte genau den Kurs und alles, was so anliegt. Vor mir leuchtet ein großer Monitor, ganz in blau. Das ist das Wasser des Gambia River. Am Rand des Bildschirms erscheinen gelbe Flecken – die Küsten. Der Fluss ist zwar breit genug, aber wir haben nicht viel Wasser unterm Kiel. Und wir müssen sehen, wie zuverlässig der Lotse arbeitet.

Eine tropische Suppe

Mit elf Knoten gleitet meine Hanseatic flussaufwärts. Gemächliches Tempo. Langsam dämmert der Morgen. Aus pechschwarzer Finsternis wird ein konturenloses Grau. Wo Fluss und Himmel aneinander stoßen, ist noch kein Horizont zu erkennen. Eine einzige tropische Suppe. Theoretisch, d.h. anhand der Karten weiß ich natürlich, wohin wir fahren. Obwohl wir den Gambia River zum ersten Mal in Angriff nehmen.

Planung ist alles

Wochenlang habe ich vor dieser Reise die unbekannte Fahrtroute recherchiert. Seekarten mussten besorgt, die lokalen Agenten der Reederei befragt, alles an Material gesammelt werden, das ich bekommen konnte. Dennoch müssen wir aufpassen. Seekarten können veraltet sein, auch ein Lotse kann sich mal vertun. Das Telefon klingelt, ich nehme ab: „Undichtes Wasserrohr!", meldet einer meiner Leute. „Wieso das denn?", ist meine spontane Rückfrage. Dann kehre ich aber rasch zur Routine zurück, gebe Anweisungen und das alles möglichst ruhig, aber sehr bestimmt. Denn in diesem schwierigen Gewässer sollte möglichst nichts schiefgehen. Jetzt brauche ich erstmal einen Schluck Kaffee und kehre zurück vor den Monitor. Die Techniker werden das Wasserrohr schon dicht kriegen.

Mit Schlauchbooten zur Sklaveninsel

Zwei Stunden und gut 30 Seemeilen später lasse ich die Hanseatic beidrehen und Anker werfen. Wir haben unser erstes Ziel des Tages etwas eher als geplant erreicht: James Island. Eine Sklaveninsel auf dem Gambia River. Tatsächlich nur eine winzige Erhebung in der Wasserfläche des Flusses. Alle Manöver sind zum Glück und dank meiner guten Mannschaft glattgegangen. In wenigen Minuten können die Passagiere die Zodiacs besteigen, die sie auf die Insel und zum gegenüberliegenden Dorf bringen werden. Aber schon werde ich wieder in eine Besprechung gerufen. Von Land kam die Nachricht, dass Besuchstermine verlegt werden müssen. Ich diskutiere mit meinen drei engsten Mitarbeitern. Nach einer Viertelstunde ist das Problem behoben. Der Tag kann beginnen.

„Ich kenne nichts anderes"

Die Hälfte des Jahres bin ich auf See. Die anderen sechs Monate im Jahr habe ich Urlaub, entwerfe Reiserouten oder mache Werbung für meine Kreuzfahrt-Reederei Hapag-Lloyd. Manchmal fragen mich Leute, ob das ein Traumjob sei. Dazu kann ich nur sagen: „Ich kenne nichts anderes." In meiner Familie fährt man seit vielen Generationen zur See. Als Kind begleitete ich schon meinen Vater, absolvierte eine Ausbildung zum Matrosen, studierte Nautik, wurde Offizier. Auf ein Kreuzfahrtschiff geriet ich dann durch Zufall, als ich einen Job suchte. Es hat mich nicht mehr losgelassen. Hier finde ich das, was ich mir von der Seefahrt erträumt hatte: Die Welt sehen, Neues entdecken. Die Entdecker-Schiffe von Hapag-Lloyd kennen keinen strikten Fahrplan. Wir müssen mit dem umgehen, was auf uns zukommt. Das macht es spannend. Ein Containerschiff zu steuern, kann ich mir überhaupt nicht mehr vorstellen: Das wäre ja nur wie Bus fahren.

8 Texte lesen

8.1 Wie untersuche ich eine Kurzgeschichte?

2

2. Erzählabschnitt: Der verschlossene Junge (Zeile 11–25)
3. Erzählabschnitt: Der Junge öffnet sich. (Zeile 26–35)
4. Erzählabschnitt: Der Alte erzählt von seinen Kaninchen. (Zeile 36–50)
5. Erzählabschnitt: Der Junge gibt sein Geheimnis preis. (Zeile 51–65)
6. Erzählabschnitt: Der Alte tröstet den Jungen. (Zeile 66–83)
7. Erzählabschnitt: Neue Hoffnung des Jungen durch das Versprechen des Alten (Zeile 84–97)

3

Lösungsvorschlag:

Einleitung

(…) geht es um die Begegnung zwischen einem alten Mann und einem kleinen Jungen. Dieser sitzt seit Tagen vor den Trümmern seines zerbombten Elternhauses und will seinen verschütteten Bruder bewachen.

Inhaltsangabe

Vor einem vor sich hin dösenden kleinen Jungen taucht ein älterer Mann mit einem Korb auf. Der Alte fragt ihn, was er denn hier tue. Der Junge antwortet verschlossen, dass er auf etwas aufpassen müsse. Der Mann lenkt nun das Interesse des Jungen auf seinen Korb, in dem sich Kaninchenfutter befindet. Er erzählt ihm von seinen Kaninchen und verspricht, ihm ein kleines Kaninchen zu schenken.
Dadurch öffnet sich der Junge und erzählt schließlich, dass sein kleiner Bruder unter den Trümmern liegt und er ihn seit Tagen vor den Ratten schützen muss. Der Alte entgegnet darauf, dass die Ratten nachts schlafen und er dann seine Wache beenden kann.
Er würde dann wiederkommen und ihn nach Hause begleiten. Er müsse seinem Vater ja erklären, wie ein Kaninchenstall gebaut werde. Am Schluss ist der Junge begeistert von dieser Aussicht und verspricht, auf den alten Mann zu warten.

4

Besonders die hervorgehobenen Stellen sind aus der Perspektive des kleinen Jungen geschrieben (Er-Erzähler). Es handelt sich also um eine personale Erzählsituation. So wird der alte Mann nur insoweit beschrieben, wie ihn der Junge wahr-

nimmt. Nicht sein Gesicht oder der Oberkörper, sondern nur die krummen Beine und der herabhängende Korb werden erwähnt.
Die erste Textstelle ist eher negativ formuliert („ärmlich behoste Beine"). Es gibt keine Farbe, und damit spiegelt sich hier auch die traurige Stimmung des Jungen wider.
Die zweite Textstelle enthält positive Formulierungen („rote Sonne", „grünes Kaninchenfutter"), und so zeigt sich hier, dass der Junge wieder eine Hoffnung bekommen hat.

5

- Keine Rück- oder Vorblenden, keine Zeitsprünge
- Vorwiegend äußere Handlung, innere Handlung nur in Verbindung mit dem Jungen (Adjektive, Verben)
- Am Anfang nur eine Farbbeschreibung, am Schluss mehrere Farbbeschreibungen (Adjektive) mit tieferer Bedeutung
- große Bedeutung der wörtlichen Rede, Trennung der Reden in Absätze, seltene Verbindung der wörtlichen Reden in einzelnen Absätzen
- Vorwiegend kurze Hauptsätze

6

Sowohl der Anfang als auch der Schluss sind offen: Es gibt keine Vorgeschichte, keine Hinführung zur Situation (Krieg, zerstörtes Elternhaus usw.). Es gibt auch keinen Abschluss der Geschichte: Der Junge sitzt weiter vor den Trümmern seines Elternhauses, und es ist nicht sicher, ob der alte Mann wirklich zurückkommt.

7

b) **Richtig**
a) **Falsch:** Am Schluss wird der Junge ganz lebendig und freut sich auf das versprochene Kaninchen.
c) **Falsch:** Das Leiden des Alten steht nicht im Mittelpunkt, sondern die Gefühle des kleinen Jungen, die sich zum Positiven verändern.
d) **Falsch:** Im Mittelpunkt stehen ja nicht die Kaninchen als Nahrungsmittel, sondern als Zeichen neuer Hoffnung für einen kleinen Jungen, der sich gerne um ein eigenes kleines Kaninchen kümmern möchte.

8

Lösungsvorschlag:

Hauptteil

(…) Sie ist ganz auf die kleine Szene zwischen dem Jungen und dem alten Mann konzentriert. Die Kürze dieser Szene ermöglicht es dem Autor zudem, sie ohne Zeitsprünge zu erzählen. Er muss also nichts auslassen und kann das gesamte Gespräch zwischen den beiden und ihre Handlungen wiedergeben.

Es wird fast nur das erzählt, was äußerlich sichtbar ist, es gibt also kaum Einblicke in die Gefühle oder Gedanken der beiden. Allerdings werden die Aussagen des Jungen mit Hilfe von Adjektiven öfter genauer beschrieben: „mutig", „verächtlich", „unsicher", „leise" usw. An zwei Stellen werden sogar seine Gedanken wiedergegeben: „Jetzt haben sie mich! dachte er."; „Lauter kleine Betten sind das, dachte er, alles kleine Betten." Gerade dadurch unterstreicht der Autor die Veränderung, die mit dem Jungen vorgeht: Vom traurigen und gehetzten Jungen, der versucht, sich wie ein Erwachsener zu verhalten, zum müden Kind, das nur noch ans Schlafen und damit an Geborgenheit denkt.

Die Gedanken und Gefühle des alten Mannes werden nicht beschrieben. Im Mittelpunkt der Kurzgeschichte steht damit der kleine traurige Junge, aus dessen Sicht die Geschichte erzählt wird (Er-Erzähler).

Dessen Traurigkeit wird schließlich durch eine neue Hoffnung verdrängt. Dies verdeutlichen die Farbbeschreibungen: Am Anfang gibt es nur ein kaltes Blaurot, am Schluss gibt es das Weiß (Farbe der Unschuld/der Kindheit) und Weißgrau der Kaninchen sowie das Grün (Farbe der Hoffnung) und Grau (Hinweis auf die Trümmersituation) des Kaninchenfutters und das Rot (warme Farbe des Gefühls) der Abendsonne.

Die Geschichte besteht zum großen Teil aus einfachen Hauptsätzen und verzichtet auf viele anschauliche Beschreibungen. Dadurch wirkt sie wenig farbig und eher etwas spröde. Diese Sprache passt sozusagen zu der leblosen und traurigen Atmosphäre einer Trümmerwüste am Abend.

Der größte Teil der Geschichte besteht aus den wörtlichen Reden des Alten und des Jungen, die meist durch Absätze voneinander getrennt werden. Nur an drei Stellen bleiben ihre Reden und Handlungen in einem Absatz miteinander verbunden: Ganz am Anfang, als der Alte versucht, Kontakt mit dem Jungen aufzunehmen und zum Schluss hin, als dieser Kontakt zustande gekommen ist und der Junge dem Alten sein Geheimnis verrät. Diese Absatzgliederung unterstreicht also, wie vorsichtig, aber auch wie erfolgreich die Kontaktversuche des Alten sind.

Das Vertrauen des Jungen erreicht der Alte dadurch, dass er den Jungen etwas belügt: Nachts würden die Ratten schlafen. Diese Behauptung wird durch seinen geschickten Hinweis auf den Lehrer unterstrichen. Dann macht er dem Jungen durch sein Versprechen, ihm ein Kaninchen zu schenken, neue Hoffnung. Durch seine Erzählung von den Kaninchen und die Einbeziehung des Vaters, dem er noch den Bau

eines Kaninchenstalles erklären will, weckt er das Vertrauen des Jungen und gibt ihm etwas kindliche Lebensfreude zurück.
Im Mittelpunkt der Geschichte steht die Verständigung zweier sehr unterschiedlicher Menschen in einer besonders schlimmen Situation. Diese Verständigung führt am Schluss bei dem Jungen zu der Hoffnung, dass das Leben wieder schön und er ein Kind sein kann.
Wie schon der Anfang ohne Einleitung oder Vorgeschichte auskommt, so wissen wir auch am Ende der Geschichte nicht, wie sie ausgehen, was also mit dem kleinen Jungen geschehen wird. Damit ist die Geschichte genauso offen wie die Zeit am Ende des Zweiten Weltkriegs, in der auch niemand wusste, wie es weitergehen würde.

9

Lösungsvorschlag:
Schluss
(…) Im Mittelpunkt stehen Menschen, die die Opfer dieses furchtbaren Krieges sind. Diese Bedeutung der einzelnen Menschen unterstreicht er durch die genaue Wiedergabe des Gesprächs zwischen dem traurigen Jungen und dem zerlumpten Alten. Borchert hat dieses Leid des Krieges auch am eigenen Leib erfahren: Er starb wegen einer schweren Erkrankung, die er sich als Soldat zugezogen hatte, kurz nach Ende des Krieges (1947) im Alter von nur 26 Jahren. Den Wiederaufbau Deutschlands hat er also nicht mehr erlebt. Er blieb ganz und gar geprägt vom Grauen des Krieges, und dies spiegelt sich auch in dieser Geschichte wider: Am Schluss gibt es nur einen kleinen Hoffnungsschimmer. Es bleibt aber offen, ob die Menschen in Deutschland jemals wieder eine Chance auf ein normales Leben haben würden.

8.2 Wie untersuche ich eine Ballade?

2

2. Sinnabschnitt: Ein Löwe betritt den Löwengarten. (Vers 9 – 16)
3. Sinnabschnitt: Ein Tiger springt hinzu. (Vers 17 – 32)
4. Sinnabschnitt: Zwei Leoparden greifen vergeblich den Tiger an und legen sich hin. (Vers 33 – 43)
5. Sinnabschnitt: Ein Handschuh wird zwischen die Katzen geworfen. (Vers 44 – 47)
6. Sinnabschnitt: Kunigunde fordert Delorges auf, den Handschuh zu holen. (Vers 48 – 52)
7. Sinnabschnitt: Der Ritter holt den Handschuh. (Vers 53 – 60)
8. Sinnabschnitt: Der Ritter weist Fräulein Kunigunde zurück. (Vers 61 – 67)

3

Lösungsvorschlag:

König Franz sitzt vor seinem Löwengarten. Er wartet auf den Beginn eines Kampfspiels. Um ihn herum sitzen die mächtigen Männer aus seiner Umgebung. Die Damen des Hofes schauen von einem Balkon auf den Kampfplatz hinab.

4

a) **Falsch:** Im Mittelpunkt der Ballade steht nicht der König, sondern der Ritter.

b) **Falsch:** Diese Einleitung macht gespannt auf den Fortgang der Ballade. Dies ist aber nicht Aufgabe einer Einleitung.

c) **Falsch:** Es geht hier nicht nur um eine Mutprobe, sondern besonders um den Stolz des Ritters, der am Ende das Fräulein zurückweist.

d) **Richtig:** Diese Einleitung fasst den gesamten Inhalt der Ballade zusammen.

5

Inhaltsangabe

Lösungsvorschlag:

(…) Nacheinander werden ein Löwe, ein Tiger und zwei Leoparden hineingelassen. Zunächst sieht es so aus, als würden die Tiere aufeinander losgehen. Aber schon bald haben sich alle hingelegt.

Nun wirft Kunigunde, eine Dame des Hofes, einen Handschuh zwischen die Raubkatzen und fordert ihren Verehrer, den Ritter Delorges, auf, ihn zu holen und ihr damit seine Liebe zu beweisen. Dieser holt zur Überraschung des entsetzten Publikums auch den Handschuh heraus, wirft ihn Kunigunde ins Gesicht und sagt, dass er nichts mehr mit ihr zu tun haben wolle.

Schluss: Damit hat der Ritter die lebensgefährliche Mutprobe zwar bestanden, er weist aber die Liebe des Fräuleins als Dank dafür stolz zurück.

6

a) **Falsch:** Sie fordert den Ritter „spottenderweis" zur Mutprobe auf, d.h. sie möchte ihn gerne lächerlich machen und nicht seinen Mut testen.

b) **Falsch:** Sie möchte den Ritter lächerlich machen. Einen geliebten Menschen würde man aber nicht lächerlich machen oder in Lebensgefahr bringen.

c) **Richtig:** Sie provoziert den Ritter zu einer Tat, die eigentlich viel zu gefährlich ist. Damit fordert sie aber auch den Stolz des Ritters heraus, der sich am Schluss zeigt.

d) **Falsch:** In dieser Szene gibt es nichts zu lachen. Das Fräulein will auch gar nicht lachen, sondern sich über jemanden lustig machen. Das hat nichts mit Lebensfreude zu tun.

7

Lösungsvorschlag:

Sowohl der Löwe als auch der Ritter wirken sehr überlegen: Der Löwe gähnt nur, als er den Kampfplatz betritt, und lässt sich auch von dem wild hereinspringenden Tiger nicht beeindrucken. Auch der Ritter zeigt keine Angst. Er lässt sich weder von der Gefahr noch von den verliebten Blicken des Fräuleins beeindrucken. Löwe und Ritter wirken beide stolz und unabhängig. Beide sind Herr der Situation.

8

1. Spannungsfrage: Werden sich die Raubkatzen angreifen?
Höhepunkt: Die Leoparden stürzen sich auf den Tiger.
Auflösung: Alle Raubkatze haben sich ruhig niedergelegt.
2. Spannungsfrage: Wird der Ritter die Mutprobe schaffen?
Höhepunkt: Der Ritter steigt auf den Kampfplatz hinab.
Auflösung: Er bringt den Handschuh zurück.
3. Spannungsfrage: Werden Ritter und Fräulein jetzt ein Liebespaar?
Höhepunkt: Das Fräulein schaut den Ritter verliebt an.
Auflösung: Der Ritter weist die Liebe des Fräuleins zurück und verlässt es.

9

Die zweite bis vierte Strophe (Vers 7–43) sind deutlich länger als die darauf folgenden. Hier geschieht nicht viel. Die Raubkatzen legen sich friedlich nieder, obwohl man eigentlich einen Raubtierkampf erwartet.
Die fünfte bis siebte Strophe sind die kürzesten. Hier geschieht alles offenbar sehr schnell: Der Handschuh wird geworfen, der Ritter steigt zu den Raubtieren hinab und nimmt den Handschuh.
Damit unterstreicht die unterschiedliche Strophenlänge, wo es dramatisch und spannend wird.

10

Die Verse der fünften Strophe (Vers 44–47) bilden durch mehrere Zeilensprünge einen einzigen Satz. Damit werden das Überraschende, Plötzliche und die Kürze der Handlung (Handschuh wird unter die Raubkatzen geworfen) unterstrichen.
In der siebten Strophe (Vers 53–57) gibt es zwei durch ein Komma getrennte Hauptsätze. Dadurch entsteht zwischen den Versen 55 und 56 eine Pause. Diese Pause verdeutlicht, wie das Publikum den Atem anhält und dass es jetzt besonders spannend wird.
Der Zeilensprung von Vers 56–57 unterstreicht wieder die Schnelligkeit der Handlung: Ohne Zögern nimmt der Ritter den Handschuh.

11

Die zweite Strophe (Vers 7–16) hat eine ganz gleichmäßige Reimform: Sie besteht nur aus Paarreimen (aabb). Dadurch werden die Ruhe und der Stolz des Löwen unterstrichen.
Die sechste Strophe (Vers 48–51) besteht aus Kreuzreimen (abab). Dadurch wirkt sie unruhig: Hier geht es ja auch um die Herausforderung des Ritters durch das Fräulein Kunigunde, die eine neue Spannung aufbaut.
Die Reimform verbindet zudem den letzten Vers der sechsten mit dem ersten Vers der siebten Strophe (Vers 52–53). Dadurch wird unterstrichen, dass beide Strophen eng zusammengehören. Die Handlung geht rasch voran: Der Ritter nimmt die Herausforderung durch das Fräulein sofort an.

12

Besondere Wortwahl: Z. B. die Häufung des Bindewortes „und" in der zweiten Strophe. Dadurch wird die Handlung gedehnt und die Behäbigkeit des Löwen unterstrichen.
In der vierten Strophe wird das bedrohliche Verhalten des Tigers durch die Formulierungen „furchtbaren Reif" und „recket die Zunge" besonders anschaulich.

Bildhafte Formulierungen: Z. B. wird in der fünften und siebten Strophe das Adjektiv „heiß" zum einen zur Beschreibung der Aggressivität der Raubkatzen und zum anderen zur spottenden Beschreibung von Liebesgefühlen verwendet. Dieses Adjektiv bedeutet wörtlich eine hohe Temperatur.

Personifikationen: In der fünften Strophe wird der Raubtierkäfig personifiziert, um das aggressive Herausspringen der Leoparden zu unterstreichen: „Da speit das doppelt geöffnete Haus (…)." Auch die Tatzen des Tigers werden als „grimmig" personifiziert, um die wütende Kraft des Tigers zu betonen.

13

Lösungsvorschlag:

Schluss

Durch die Gegenüberstellung der Raubkatzen, die sich recht friedlich verhalten, mit den Zuschauern und besonders dem Fräulein, die Kampf und Spannung erwarten, zeigt Schiller die Menschen als recht aggressive Lebewesen. Das Fräulein spielt sogar mit dem Leben des Ritters. Dieser erweist sich als wahrer König: So wie der König der Tiere, der Löwe, ruhig und überlegen bleibt, so zeigt auch er Mut und Stolz. Obwohl er das Fräulein offenbar früher verehrt hat, zeigt er ihr jetzt deutlich, dass ihr Verhalten mit Liebe nichts zu tun hat. Er beweist sowohl gegenüber den Raubkatzen als auch gegenüber dem Fräulein seine Stärke und seinen Stolz. Vielleicht wollte Schiller mit dieser Ballade ein Beispiel für besondere menschliche Größe geben.

8.3 Nachricht, Bericht und Reportage

1

1. Dicker beißender Rauch liegt über den Fabrikhallen, als der erste Löschzug eintrifft. – **Reportage:** Anschauliche Beschreibung von Sinneseindrücken.
2. Gestern gegen 17.30 Uhr sind die Lagerhallen einer Kunststoff verarbeitenden Firma in Köln-Mülheim bis auf die Grundmauern niedergebrannt. – **Nachricht/ Meldung:** Kurze Nennung der wesentlichen Informationen ohne Hintergründe oder weitere Folgen.
3. Der Brand der Lagerhallen in Köln-Mülheim hat eine Diskussion über die Einsatzbereitschaft der Kölner Feuerwehr ausgelöst, die schon seit geraumer Zeit über Personalmangel klagt. – **Bericht:** Eingehen auf weitere Folgen.
4. Selbst redegewandte Papageien lieben die Freiheit auf Bäumen – das musste gestern ein Papageienliebhaber schmerzvoll erfahren, als er mit seinem Liebling einen Spaziergang unternahm. – **Reportage:** Genaue Beschreibung von Einzelheiten und auch Gefühlen.
5. Durch die Tierkenntnis eines Passanten konnte gestern Abend ein am frühen Morgen entflogener wertvoller Papagei wieder eingefangen werden. – **Nachricht/Meldung:** Kurze Zusammenfassung der wesentlichen Informationen ohne Hintergründe oder weitere Folgen.
6. „Herrlich, herrlich!“, hatte der Ara noch gerufen und begeistert seinem Herrchen am Ohrläppchen gezupft, als er zu dessen großem Schrecken plötzlich die Schwingen ausbreitete und sich in die Lüfte erhob. – **Reportage:** Zitate und anschauliche Beschreibung von Einzelheiten.
7. Als ich das voll gepackte Fahrrad gerade besteigen will, platzt der Hinterreifen. So hatte ich mir eigentlich den Beginn unserer Fahrradtour quer durch Europa nicht vorgestellt. – **Reportage:** Ich-Form und Beschreibung von Einzelheiten.
8. Heute starten drei Schüler des Heinrich-Böll-Gymnasiums zu einer Fahrradtour quer durch Europa. Den Startschuss gibt um 10.00 Uhr der Bürgermeister auf dem Rathausplatz. – **Nachricht/Meldung:** Kurze Nennung der wichtigen Informationen ohne Hintergründe oder Folgen.
9. Im Rahmen der Hilfsaktion „Schüler für den Sudan“ starteten gestern drei Schüler zu einer Fahrradtour quer durch Europa. Durch diese und ähnliche sportliche Leistungen sollen die Menschen auf die Not der Menschen im Sudan aufmerksam gemacht und Spendengelder gesammelt werden. – **Bericht:** Nennung von Hintergründen und weiteren Zielen.

2

Wer? (…) vier Schüler: Dominik, Gereon, Gernot und Ich-Erzähler, Physiklehrer, viele weitere Schüler

Wann? 31. Mai bis 2. Juni 2006

Wo? Duisburg (Universität)

Was? Teilnahme der vier Schüler des Dietrich-Bonhoeffer-Gymnasiums an dem dreitägigen Wettbewerb „Freestyle Physics" in der Kategorie „Wasserrakete".

Warum? Großer Wettbewerb mit Tradition für ca. 1800 physikinteressierte Schüler in 7 verschiedenen Kategorien, veranstaltet von der Universität Duisburg, Absicht: Spaß an Physik vermitteln, Wunsch der vier Schüler, den Wettbewerb in der Kategorie „Wasserrakete" zu gewinnen, Motivation und Vorbereitung durch Physiklehrer.

Welche Folgen? Rakete zerstört, Neubau und erneute Teilnahme im folgenden Jahr.

3

Lasershow: Eine Lichtschau mit sehr lichtstarken Laserstrahlen, also stark gebündelten Lichtstrahlen.

Bar: Maßeinheit zur Messung von Druck (z. B. in Autoreifen).

PET-Kunststoff: Häufig verwendete Kunststoffart besonders für Lebensmittelverpackungen (geschmacksneutral und bruchsicher), Abkürzung für: Polyethylenterephthalat.

Rohrzange: Zange in verschiedenen Größen zum Festdrehen von verschraubten Rohren.

Kupplung: Bauteil aus Metall oder Kunststoff zur Verbindung unterschiedlicher Dinge (z. B. Anhängerkupplung zur Verbindung von Auto und Anhänger); Gardena-Kupplung: eigentlich zur Verbindung von Wasserhahn und Wasserschlauch.

Kompressor: Motor mit angeschlossenem Druckbehälter, in dem ein Überdruck erzeugt wird.

4

Anschauliche Beschreibung von Sinneseindrücken oder Gefühlen: „kreischen", „mit einem lauten Krachen", „richtig winzig", „öde", „Groß war die Enttäuschung", „in mühsamer Kleinstarbeit".

Zitate: „Physik macht Spaß."

Wechsel der Zeitform: ging (…) kaputt, steht (…) ein Neubau bevor.

Ich-Form: „Dominik, Gereon, Gernot und ich sind Schüler (…)".

5

Lösungsvorschlag:

Der Verfasser ist selbst Teilnehmer des Wettbewerbs und teilt den Ehrgeiz der anderen Schüler. Dies erkennt man auch daran, dass er z. B. glaubhaft die Enttäuschung beschreibt, als die Rakete kaputtgeht („in mühsamer Kleinstarbeit").

Allerdings behält er trotz seiner persönlichen Betroffenheit eine gewisse Distanz zum Geschehen: Er scheint sich über die missratene Physikklausur, die mangelnde Vorbereitung des Wettbewerbs und den misslungenen ersten Start nicht sonderlich zu ärgern, bleibt trotz der eigentlich aufkommenden Spannung in der Präteritumform und verwendet auch kaum Formulierungen, die großen Ärger oder Enttäuschung zeigen.

6

Lösungsvorschlag:

(...) 2. Juni 2006 in Duisburg zum wiederholten Mal die so genannten „Freestyle Physics" statt. 1800 physikbegeisterte Schüler nahmen an sieben verschiedenen z. T. lustigen Wettbewerben teil.

Die „Freestyle Physics" sollen zeigen, dass Physik kein knochentrockenes Schulfach sein muss. Begeistert konnten die Zuschauer solch ungewöhnliche Darbietungen wie den Start von Kunststoffflaschen als Raketen oder die selbst gebastelte Lasershow mit Musikuntermalung genießen.

Im Mittelpunkt der Reportage standen vier Schüler, die sich unter Anleitung ihrer Physiklehrer auf die Wettbewerbskategorie „Wasserrakete" vorbereitet hatten. Bei diesem Wettbewerb ging es darum, eine mit Wasser und Druckluft gefüllte Kunststoffflasche möglichst hoch in die Luft zu katapultieren.

Leider hatten sie bei beiden Startversuchen kein rechtes Glück: Beim ersten Mal trudelte ihre Rakete sofort zu Boden, und sie wurden nass gespritzt, beim zweiten Mal stürzte sie so unglücklich, dass sie zerstört wurde.

Die Schüler gaben aber nicht auf und wollen für die Teilnahme im folgenden Jahr eine ganz neue Wasserrakete bauen.

Test

1

Lösungsvorschlag:

Einleitung

(...) 1963 von der Begegnung zwischen einem Touristen und einem Fischer in einem Hafen an der Westküste Europas.

Inhaltsangabe

Der Tourist ist offenbar wohlhabend und tritt auf den ärmlich gekleideten Fischer zu, der in seinem Boot döst. Der Tourist fotografiert den Fischer und fragt ihn dann, warum er nicht mehr ausfahre.

Der Fischer antwortet, er sei schon ausgefahren und habe genug Fisch gefangen. Daraufhin macht der Tourist mehrere Vorschläge, wie der Fischer durch mehr Arbeit und den Einsatz von Hilfsmitteln ein steinreicher Mann werden könne. Danach könne er sich dann zur Ruhe setzen und in der Sonne sitzen.

Der Fischer entgegnet ihm darauf, das tue er doch schon jetzt. Nach dieser Belehrung geht der Tourist, nicht mehr mitleidig, sondern ein bisschen neidisch weg.

Erzählperspektive

Die Perspektive wechselt mehrfach von einer personalen zu einer auktorialen Perspektive und umgekehrt. Zunächst wird ein Bild aus der (personalen) Perspektive des fotografierenden Touristen beschrieben: „(...) blauer Himmel, grüne See mit friedlichen schneeweißen Wellenkämmen, schwarzes Boot, rote Fischermütze." Danach liefert der Erzähler z. B. psychologische Erklärungen für das Verhalten der beiden Figuren und beschreibt ihre Gefühle: „Durch jenes kaum messbare, nie nachweisbare Zuviel an flinker Höflichkeit ist eine gereizte Verlegenheit entstanden, die der Tourist – der Landessprache mächtig – durch ein Gespräch zu überbrücken versucht" (auktoriale Perspektive).

Erzähltechnik

Anfang und Schluss dieser Kurzgeschichte sind offen: Es gibt keine Vorgeschichte oder Hinleitung zu dieser Hafenszene. Ebensowenig wird erzählt, welche Konsequenzen der Tourist aus seiner Begegnung mit dem Fischer zieht. Schließlich ist er ja ein wenig neidisch geworden. Es gibt keine Vor- oder Rückblenden und auch keine Zeitsprünge. Die Kurzgeschichte gibt sehr genau den Ablauf dieser Szene wieder: Die Lesezeit ist in etwa so lang wie die Dauer der ganzen Szene, würde man sie spielen.

Der größere Teil besteht aus der Darstellung äußerer Handlungen, davon wiederum nimmt die wörtliche Rede der beiden Figuren einen großen Raum ein. Es gibt aber auch die Beschreibung innerer Handlungen, die dem Leser in der auktorialen Perspektive vermittelt werden. So erfahren wir z. B. einiges über die Gefühle und Gedanken, die im Inneren des Touristen ablaufen: „Gewiß liegt ihm das Wohl des ärmlich gekleideten Menschen am Herzen, nagt an ihm die Trauer über die verpaßte Gelegenheit." Durch eine Reihe von Beschreibungen werden die Gefühle der beiden Figuren und ihre Beziehung zueinander verdeutlicht:

Tourist: „immer unglücklicher", „besorgter Gesichtsausdruck", „rührende Kümmernis", „im tiefsten Herzen betrübt", „seiner Urlaubsfreude schon fast verlustig", „Erregung", „nachdenklich", „ein wenig Neid".

Fischer: (…) beruhigend, (…) klopft ihm auf den Rücken, wie einem Kind, das sich verschluckt hat."

Durch diese Beschreibungen wird deutlich, dass der erste Eindruck, dass der wohlhabende Tourist dem ärmlichen Fischer überlegen ist, falsch war: In Wahrheit ist der Fischer der Ruhige und Überlegene, der Tourist der Aufgeregte und schließlich ein wenig Neidische. Seine Gefühlsprobleme werden viel genauer beschrieben als die Gefühle des Fischers, er ist sozusagen die Problemfigur. Obwohl der Tourist sich im Urlaub befindet, ist er nervös und unruhig, der Fischer dagegen döst an seinem Arbeitsplatz, dem Fischerboot. Trotz dieser Unterschiedlichkeit gehen beide aber sehr menschlich, ja mitfühlend miteinander um. Selbst der Tourist verhält sich gegenüber dem Fischer nicht überheblich, obwohl er dessen Ärmlichkeit nicht respektiert.

Auch die Verwendung der beiden Modi Indikativ und Konjunktiv zeigt dies deutlich: Der Tourist redet sehr viel in der Konjunktivform, der Fischer nur in der Indikativform: Der Tourist denkt also nicht realistisch, der Fischer steht mit beiden Beinen auf der Erde.

In dem Moment, als das eigentliche Gespräch zwischen beiden beginnt und der Tourist seine Zukunftspläne aufgeregt darlegt, ändert sich auch der Satzbau: Plötzlich werden mehrere Sätze nur noch durch Komma getrennt. Damit wird unterstrichen, dass der Tourist richtig Feuer gefangen hat und ganz schnell seine tollen Ideen loswerden will: „Zigaretten werden in Münder gesteckt, ein fünftes Klick, der Fremde setzt sich kopfschüttelnd auf den Bootsrand, legt die Kamera aus der Hand, denn er braucht jetzt beide Hände, um seiner Rede Nachdruck zu verleihen."

Hauptaussage

Böll zeigt mit seiner Kurzgeschichte, dass der Tourist als typischer Vertreter eines wohlhabenden Landes sich auf einem Irrweg oder Umweg befindet: Sein Streben nach dem großen Geld durch ganz viel Arbeit hat nämlich eigentlich ein Ziel, das der Fischer mit viel weniger Aufwand längst erreicht hat. Damit kritisiert Böll wohl das Streben vieler Menschen nach immer mehr, ihre Arbeits- und Geldsucht als überflüssig und unvernünftig. Am Schluss ist der Tourist auch nachdenklich und ein wenig neidisch auf den klugen Fischer geworden, weil auch er dies begriffen hat.

Schluss

Die Geschichte ist wahrscheinlich nicht zufällig in der Zeit des so genannten Wirtschaftswunders geschrieben worden. Nach den Zerstörungen des Zweiten Weltkriegs kannten viele Menschen nur noch ein Ziel: Viel Konsum durch viel Arbeit. Mit dieser Haltung, durch die der Mensch nicht mehr zur Ruhe kommt, ist Böll gar nicht einverstanden. Der Mensch soll nicht nur für das Geldverdienen leben. Seine Kurzgeschichte ist nicht nur die Kritik am Verhalten einzelner Menschen, sondern am Verhalten der meisten Menschen im Deutschland dieser Zeit.

2

Lösungsvorschlag:

Einleitung

(...) dem Zusammenbruch einer Eisenbahnbrücke, der wirklich stattgefunden hat. Der Dichter betont dies, indem er das genaue Datum des Unglücks angibt: 28. Dezember 1879. Fontane liefert keine technische Erklärung für dieses Eisenbahnunglück, sondern führt dies auf die Tätigkeit von Geistern zurück.

Inhaltsangabe

Am Anfang der Ballade steht eine Art Geistergespräch zwischen drei Geistern, die offenbar verschiedene Winde/Windrichtungen darstellen sollen. Sie verabreden die gemeinsame Zerstörung einer Eisenbahnbrücke, während ein Zug diese überquert. Sie wollen damit beweisen, dass der Mensch nur Unnützes, Zerbrechliches herstellen und bauen kann.

Es ist der 28. Dezember 1879, also kurz nach Weihnachten, als der Brückenwärter und seine Frau ängstlich auf ihren Sohn warten, um mit ihm Weihnachten nachzufeiern. Der Sohn Johnie ist Lokführer und befindet sich kurz vor der Brücke. Er vertraut auf die Kraft der Lokomotive und ist froh, nicht mehr mit einem Fährschiff übersetzen zu müssen. Jetzt könne er nämlich jederzeit die Mündung überqueren und brauche nicht das Ende eines Sturmes abzuwarten.

Als sich der Zug auf der Brücke befindet, wird der Sturm noch stärker und die Brücke stürzt mitsamt dem Zug ins Meer.

Die drei Windgeister verabreden, sich an einem einsamen Ort den genauen Ablauf dieser Katastrophe gegenseitig zu erzählen.

Charakterisierungen

Die drei Windgeister reden höhnisch über die Menschen und freuen sich über ihr Zerstörungswerk.

Der Brückenwärter und seine Frau warten ängstlich. Der Mann macht schließlich der Frau Mut, obgleich auch ihm in diesem Sturm nicht wohl zumute ist. Ihr Sohn Johnie vertraut felsenfest auf die Überlegenheit der Technik über die Naturgewalten.

Spannungsbogen

In dieser Ballade gibt es einen großen und einen kleinen Spannungsbogen: Der große Spannungsbogen beginnt mit der Frage: Werden die Windgeister es schaffen, die Brücke zum Einsturz zu bringen? Der kleine Spannungsbogen beginnt mit der Frage der Eltern: Wird unser Sohn heute noch kommen? Als die Lichter des Zuges zu sehen sind, scheint der kleine Spannungsbogen sich aufzulösen: Der Zug kommt endlich. Aber darüber liegt der große Spannungsbogen, der sich erst auflöst, als die Brücke einstürzt. Der Höhepunkt des kleinen Spannungsbogens ist das Aufleuchten der Zuglichter, und der Höhepunkt des großen die plötzliche Zunahme des Sturms.

Lyrische Mittel

Die Ballade besitzt sieben Strophen. Die zweite bis sechste Strophe ist mit je acht gleichmäßigen Versen gleich lang. Sie werden von den beiden „Windgeisterstrophen" umrahmt. Diese wirken durch die Einrückungen und die sehr unterschiedlichen Verslängen sehr unruhig. Damit werden die Energie und Zerstörungswut der Windgeister verdeutlicht, die das gesamte Geschehen der eingerahmten Strophen beherrschen und letztlich bestimmen. Die Windgeister bzw. Naturgeister wirken auch durch diesen Strophenaufbau den kleinen Menschen mit ihrer hilflosen Technik weit überlegen. Dies wird auch durch das Leitmotiv der Ballade „Tand, Tand, ist das Gebilde von Menschenhand" unterstrichen. Dieses Leitmotiv beendet jeweils die erste und die letzte Strophe. Das Wort „Tand" ist als Bezeichnung für eine gigantische Eisenbrücke natürlich sehr verächtlich. Dem steht der Glaube Johnies, des Lokführers, an die Technik gegenüber. Er personifiziert sogar den Kessel und den Dampf seiner Lok mit dem Ausdruck „Sieger in diesem Kampf".

Auch der unruhige Rhythmus der ersten und letzten Strophe betont im Unterschied zum ruhigen Rhythmus der anderen Strophen die zerstörerische Kraft der Windgeister. Er ist genauso unruhig wie der Wind, der mal stärker und mal schwächer bläst.

Die Reimform der eingerahmten Strophen ist ein gleichmäßiger Paarreim (aabb). Anders die Reimform der ersten und letzten Strophe: Sie enthalten sowohl Paarreime als auch Kreuzreime (abab). Einzelne Verse fallen ganz aus dem Reimschema heraus. Auch dies macht diese beiden Strophen unruhig, gibt ihnen sogar etwas Gehetztes.

Die Ballade besitzt einen zweiten, inneren Rahmen, nämlich die ersten Verse der zweiten und der sechsten Strophe: „Auf der Norderseite, das Brückenhaus – Alle Fenster sehen nach Süden aus (…)." Damit wird die Sichtweise der Brücknersleute verdeutlicht, die ängstlich auf ihren Sohn warten. Das menschliche Warten, Bangen und Hoffen ist der Rahmen dieser Strophen und wird wiederum eingerahmt durch die Zerstörungswünsche in den beiden Windgeisterstrophen. Auch dadurch wird verdeutlicht, dass menschliche Wünsche sozusagen von der Natur eingerahmt werden und gegen diese keine Chance haben.

Der Vers, in dem dann die Katastrophe geschieht, ist im Unterschied zu den anderen Versen zweigeteilt, d.h. in seiner Mitte befindet sich ein Satzende: „Überm Wasser unten (…) Und wieder ist Nacht." Dies wirkt so, als müsste man in dieser kurzen Pause den Atem vor Schreck anhalten.

Schluss

Die Ballade zeigt, wie ein damals hochmodernes Bauwerk unter den Naturgewalten zusammenbricht. Durch das Auftreten der Geister sieht es so aus, als befände sich der Mensch in einem aussichtslosen Kampf mit feindlichen Naturgewalten. Vielleicht wollte Fontane damit auch seine Zweifel ausdrücken, ob der Mensch durch den technischen Fortschritt wirklich die Natur bezwingen kann. Schließlich war ja dieser Fortschritt im 19. Jahrhundert erst an seinem Anfang.

3

Lösungsvorschlag:

Expedition Ra

(...) den Versuch einer Überquerung des Atlantischen Ozeans auf einem Segelschiff aus Papyrusbinsen, d.h. aus dünnen und biegsamen Sumpfgräsern. Bei diesem Schiff handelt es sich um den Nachbau altägyptischer Papyrusschiffe, mit denen schon in alter Zeit der Atlantik überquert worden war.

Die Mannschaft der Ra besteht aus dem Erzähler Thor Heyerdahl, Abdullah aus Zentralafrika, Georges, Norman, Carlo, Santiago und Juri – offenbar ist keine Frau an Bord. Sie sind vor zwei Monaten gestartet, haben den größten Teil des Atlantiks überquert und befinden sich schon in amerikanischen Gewässern, sind allerdings immer noch 1000 Seemeilen von der Küste entfernt.

Es wird beschrieben, wie sich das Schiff auf offener See allmählich auflöst und von schweren Wellen überrollt wird. Immer mehr Papyrusbündel lösen sich, immer mehr Stricke, die diese Bündel zusammenhalten, reißen und das Schiff droht zu sinken. Trotz dieser Schwierigkeiten legt die Mannschaft jeden Tag noch 117 km zurück und damit fast genauso viel wie die Ägypter in früher Zeit.

Schließlich spaltet sich das gesamte Boot, und trotz der verzweifelten Lage beginnt die Mannschaft, das Boot zu reparieren. Dabei wickeln sie mit Hilfe einer riesigen Nähnadel neue Stricke um die Papyrusbündel. Dies gelingt auch, und die Ra fährt trotz der erheblichen Beschädigung mit Tempo weiter. Die Mannschaft ist froh, dass niemandem etwas passiert ist.

Die Zeitform dieses Reiseberichts ist durchgängig das Präteritum. Der Erzähler wechselt auch an den spannenden Stellen nicht ins Präsens. Damit behält er seine Rolle als relativ nüchterner Berichterstatter einer wissenschaftlichen Expedition bei und betont, dass er nicht einfach eine spannende Geschichte erzählen, sondern möglichst genau berichten möchte.

Trotz dieser eher sachlichen Haltung drückt er aber auch seine Gefühle und Gedanken aus. Dabei werden auch sprachliche Bilder oder Vergleiche und die Konjunktivform benutzt: „Es kam mir vor, als stünde ich knietief im Wasser am Strand und die salzige Brandung bräche über mir zusammen (...)"; „(...) fühlten wir uns, als säßen wir auf einem schwimmenden Heuhaufen und hätten Schwierigkeiten, das Heu zusammenzuhalten." Oder: „Uns schien, als lebten und schliefen wir auf einer sich windenden Seeschlange." „Georges und ich standen eine Weile wie gelähmt (...)."

Meist beschränkt er sich allerdings auf anschauliche Beschreibungen, aus denen man auf seine Gefühle schließen kann. Dabei werden z. B. viele Verben verwendet, die Bewegungen oder Geräusche verdeutlichen: „Das Wasser gurgelte, spritzte und donnerte überall. Die hölzernen Kästen (...) begannen zu rollen und auf und nieder zu tanzen." Als das Schiff zu sinken droht und die Männer mit einer Notreparatur beginnen, ändert sich vorübergehend der Satzbau: Es werden nur noch Hauptsätze ohne Nebensätze aneinander gereiht. Damit wird verdeutlicht, wie schnell alles

gehen muss und unter welchem Druck die Mannschaft arbeitet: „Im nächsten Augenblick hasteten wir alle durcheinander. Carlo und Santiago holten Taurollen und vermaßen und kappten Enden von unserem dicksten Tau. Georges sprang in die Wellen und schwamm mit einem dicken Tauende quer unter die Ra."
Der Standpunkt des Verfassers ist der eines Berichterstatters, der genau, aber auch packend von seinem Expeditionsabenteuer berichtet. Dabei bleiben seine eigenen Gefühle weitgehend im Hintergrund, obwohl er den Leser an seinem aufregenden Erlebnis durch die Ich-Form und anschauliche Beschreibungen teilhaben lässt.

Register

Quellenverzeichnis

S. 36 Gottfried August Bürger, Wunderbare Reisen zu Wasser und zu Lande. Feldzüge und lustige Abenteuer des Freiherrn von Münchhausen, wie er dieselben bei der Flasche im Zirkel seiner Freunde selbst zu erzählen pflegt, Insel Verlag, Frankfurt a. M. 1976, S. 20 ff.

S. 76 f. Johann Wolfgang von Goethe, Der Zauberlehrling, in: Goethes Werke, Hamburger Ausgabe in 14 Bänden. Textkritisch durchgesehen und mit Anmerkungen versehen von Erich Trunz, Deutscher Taschenbuch Verlag, München 1989, Bd. 1, S. 276 ff.

S. 81 f. Johann Peter Hebel, Seltsamer Spazierritt, in: Poetische Werke, Winkler, München 1961, S. 103 f.

S. 90 Heinrich von Kleist, Sonderbarer Rechtsfall in England, in: Werke und Briefe in vier Bänden, hrsg. v. Siegfried Streller in Zusammenarbeit mit Peter Goldammer und Wolfgang Barthel, Anita Golz, Rudolf Loch, Aufbau Verlag, Berlin/Weimar 1978, Bd. 3, S. 371.

S. 91 Wilhelm Busch, Max und Moritz, Letzter Streich, in: Werke. Historisch-kritische Gesamtausgabe, bearbeitet und hrsg. v. Friedrich Bohne, Standard-Verlag, Hamburg 1959, S. 384 ff.

S. 92 f. Bernd Schwer, Mit der Hanseatic über den Gambia River in Afrika, http://www.geo.de/GEO/reisen/fernziele/3654.html (oder: GEOSaison, 10/2005, in: Titelgeschichte „Kreuzfahrten").

S. 96 ff. Wolfgang Borchert, Nachts schlafen die Ratten doch, in: W. Borchert, Das Gesamtwerk, Rowohlt Verlag, Hamburg 1949, S. 265 – 268.

S. 104 Friedrich Schiller, Der Handschuh, in: Sämtliche Werke. Auf Grund der Originaldrucke hrsg. v. Gerhard Fricke und Herbert G. Göpfert in Verbindung mit Herbert Stubenrauch, Hanser Verlag, München 31962, Bd. 1, S. 376.

S. 112 f. Philipp Sümmerman, Freestyle Physics, in: Kölner Stadt-Anzeiger/Junge Zeiten/online/22.06.06.

S. 117 ff. Heinrich Böll, Anekdote zur Senkung der Arbeitsmoral, in: H. Böll, Erzählungen 1950 – 1970, Kiepenheuer und Witsch, Köln 1967, S. 464 – 466.

S. 121 ff. Theodor Fontane, Die Brück' am Tay, in: Th. Fontane, Sämtliche Werke, hrsg. v. Edgar Groß, Kurt Schreinert, Rainer Bachmann, Charlotte Jolles, Jutta Neuendorff-Fürstenau, Nymphenburger Verlagshandlung, München 1959 – 1975, Bd. 20, S. 165.

S. 123 ff. Thor Heyerdahl, Expedition Ra. Mit dem Sonnenboot in die Vergangenheit, C. Bertelsmann Verlag, Gütersloh 1970.

Der Verlag hat sich nach bestem Wissen und Gewissen bemüht, alle Inhaber von Urheberrechten an Texten und Abbildungen zu diesem Werk ausfindig zu machen. Sollte das in irgendeinem Fall nicht korrekt geschehen sein, bitten wir um Entschuldigung und bieten an, gegebenenfalls in einer nachfolgenden Auflage einen korrigierten Quellennachweis zu bringen.

KomplettTrainer

Der Allrounder mit dem kompletten Lernstoff!

Mit dem 3-Stufen-Lernprogramm Wissen – Üben – Testen
- alle wichtigen Regeln und Merksätze wiederholen
- mit Übungen verschiedener Schwierigkeitsstufen und ausführlichen Lösungen besser werden
- den Lernerfolg mit Tests und Checklisten überprüfen

KomplettTrainer
Mathematik 7. Schuljahr
Gymnasium
ISBN 978-3-12-927105-6

KomplettTrainer
Englisch 7. Schuljahr
Gymnasium
ISBN 978-3-12-927101-8

KomplettTrainer
Physik 7. –10. Schuljahr
Gymnasium
ISBN 978-3-12-927172-8

Diese und weitere Klett-Lernhilfen sind im Buchhandel erhältlich.
Weitere Informationen unter **www.klett.de/lernhilfen**

Klett Lerntraining GmbH, Postfach 10 26 45, 70022 Stuttgart
Telefon 0180 · 255 38 82, Telefax 0180 · 255 38 83

Klett

Bessere Noten in Klassenarbeiten

Topfit in die nächste Klassenarbeit!

- 12 Klassenarbeiten zu den wichtigsten Stoffgebieten des 5. Schuljahres zeigen, was drankommen kann
- Die Zeitvorgabe von 45 Minuten und die vorgegebenen Punkte für jede Aufgabe schaffen eine „echte" Klassenarbeitssituation
- Lösungen mit Tipps und Hinweisen zur Punktevergabe erleichtern das selbstständige Korrigieren
- Die zusammengezählten Punkte und die entsprechende Note verraten dir am Ende, wie gut du bist!

Bessere Noten in Klassenarbeiten
Deutsch 7. Schuljahr
Gymnasium
ISBN 978-3-12-927152-0

Bessere Noten in Klassenarbeiten
Englisch 7. Schuljahr
Gymnasium
ISBN 978-3-12-927148-3

Bessere Noten in Klassenarbeiten
Mathematik 7. Schuljahr
Gymnasium
ISBN 978-3-12-927146-9

Diese und weitere Klett-Lernhilfen sind im Buchhandel erhältlich.
Weitere Informationen unter **www.klett.de/lernhilfen**

Klett Lerntraining GmbH, Postfach 10 26 45, 70022 Stuttgart
Telefon 0180 · 255 38 82, Telefax 0180 · 255 38 83

Klett